Inhaltsverzeichnis

Lisa und Mo erinnern sich … 2

F f 4

U u 10

Lesen 16

Ei ei 17

H h 22

Schreiben 28

Au au 29

D d 34

Lesen 40

Ch ch 41

-er 46

Das kann ich schon 48

Wörterliste 49

W w 50

K k 56

Schreiben 62

Sch sch 63

B b 68

Das kann ich schon 74

Wörterliste 75

Lesen 76

ie 77

Z z 82

G g 88

Das kann ich schon 94

Wörterliste 95

Mo ist am Moto.
Er hat zu tun.

M o

Ich schreibe nach Hause.
Alle wollen wissen, was
auf der Erde los ist.

Moto

Das halt ich nicht aus!
Das ist doch ein Film!
Zeig mal.

Lisa

Comic zur Rahmenhandlung mit Mo und Lisa; Comic wird durch die Lehrkraft vorgelesen;
neben jedem Bild steht ein Wort zum Lesen und Nachspuren, das inhaltlich mit dem Bild verknüpft ist

Das war das Schulfest.
Li und du, ihr habt Pepe angemalt.

Pepe

Und hier bist du beim Fasching als Pirat.

Pirat

Das sind tolle Erinnerungen.

toll

Comic zur Rahmenhandlung mit Mo und Lisa; neben jedem Bild steht ein Wort zum Lesen und Nachspuren, das inhaltlich mit dem Bild verknüpft ist

1

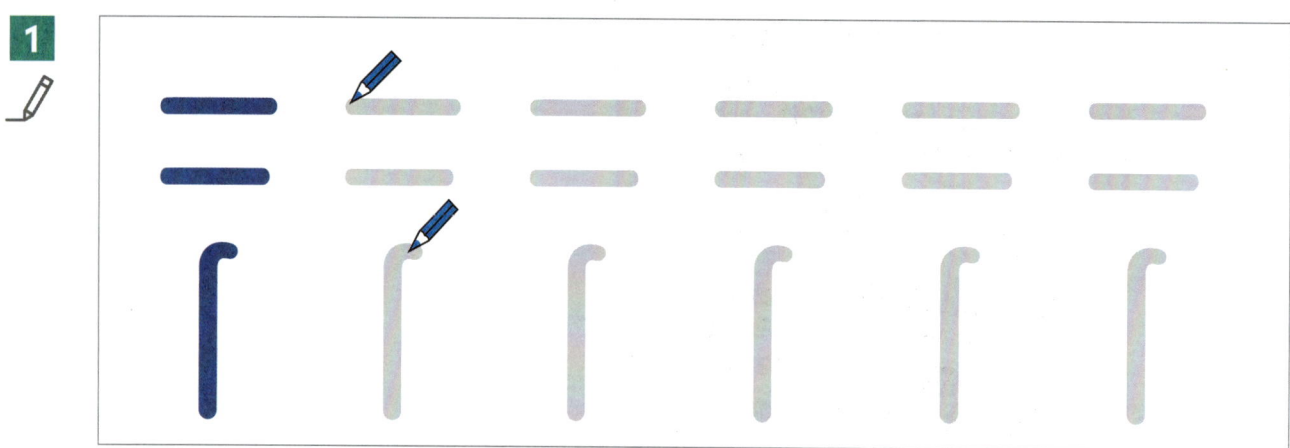

2

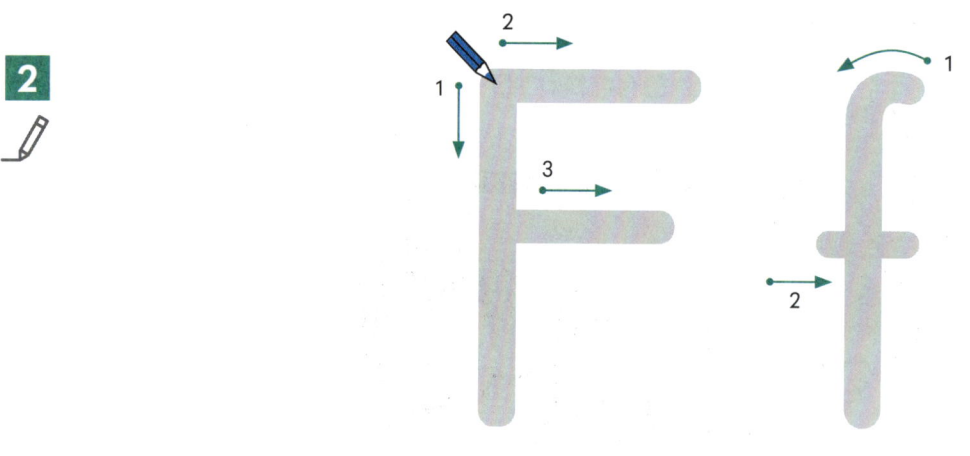

3

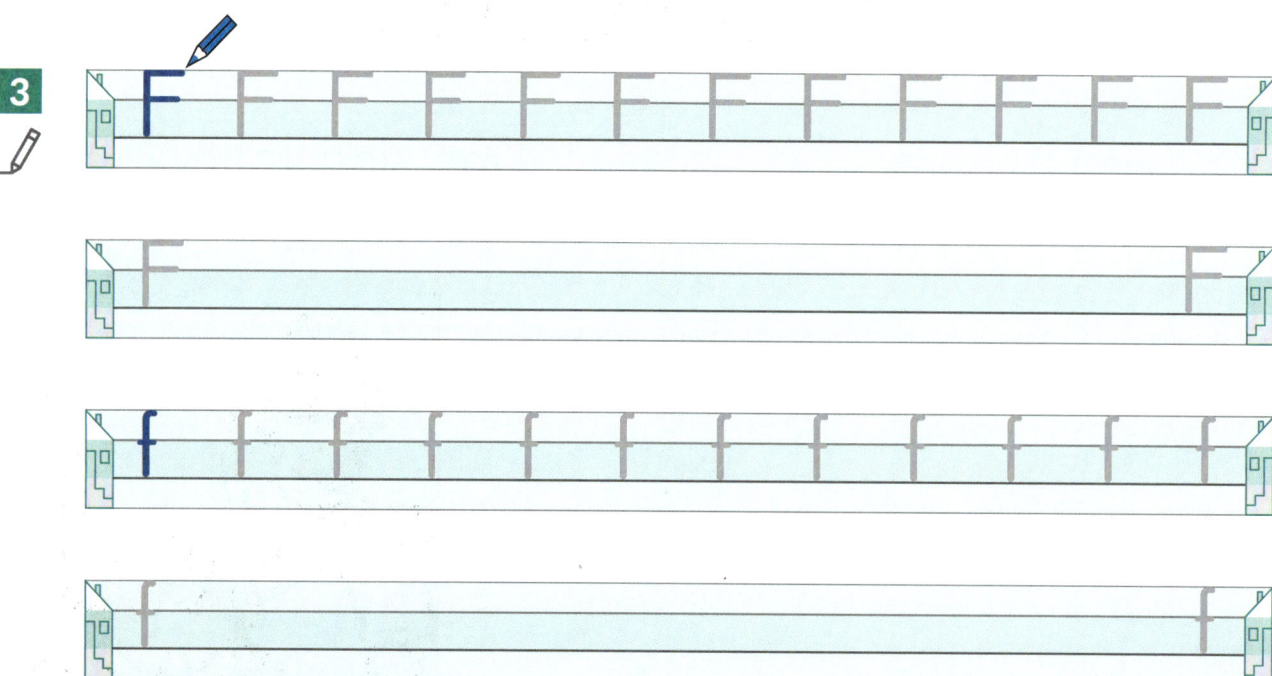

Aufgabe 1: Schwungübung
Aufgabe 2: F/f nachspuren
Aufgabe 3: F/f nachspuren und Restzeile entsprechend füllen

Elefant

Foto

Sofa

Affe

Aufgabe 1: F/f markieren
Aufgabe 2: Begriff benennen, Wort lesen und F/f nachspuren

📖 **Lisa und Mo**

Lisa trifft Mo oft.

Tolle Fotos!

Lisa ist am Telefon.
„An alle: Total tolle Fotos!"
Sofort rennen alle los.

📖 Fo Fa Fam fi fel af lif

Aufgabe: Einführung einer Überschrift, Text lesen
Balken: offene und geschlossene Silben lesen

📖 Tolle Fotos

Lisa ist mit Mo
am roten Sofa.

Salat mit Melone
und Ananas

Im Salat ist Saft.

Film mit Esel

 Tafel mit Elefant

Aufgabe: Texte lesen und Illustration anschauen, erstes und zweites Bild erinnern an Texte
aus dem ersten Arbeitsheft
Aufgabe 1: Text lesen, Elefant auf die Tafel malen

7

F f

1

2

A ~~F~~ F F ~~M~~ O P S

Aufgabe 1: Begriffe abhören und ankreuzen, ob der F/f-Laut am Wortanfang zu hören ist
Aufgabe 2: Begriff benennen, Anfangsbuchstaben abhören und einsetzen, Buchstaben ausstreichen

1

Foto

Elefant

elf

2

a e i o

Tafel

Telefon

Sofa

Limo

Affe

elf

Aufgabe 1: Begriffe sprechschwingen, Silbenzahl ermitteln und Begriffe nach der Anzahl der Silben aufschreiben
Aufgabe 2: Wörter lesen, Vokale im Wort nachspuren und Silbenbögen setzen; optional: jede Silbe enthält
einen Vokal

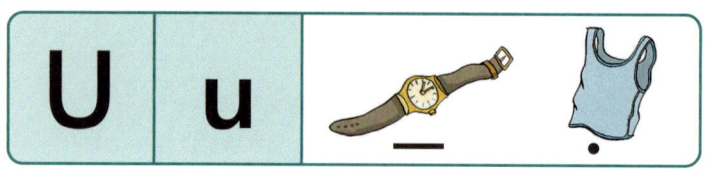

1

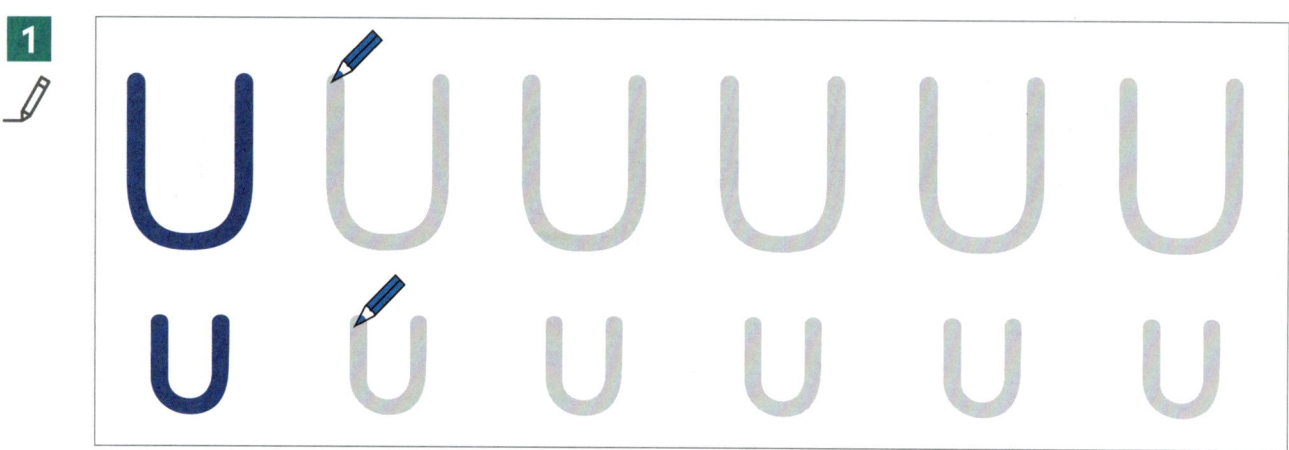

2

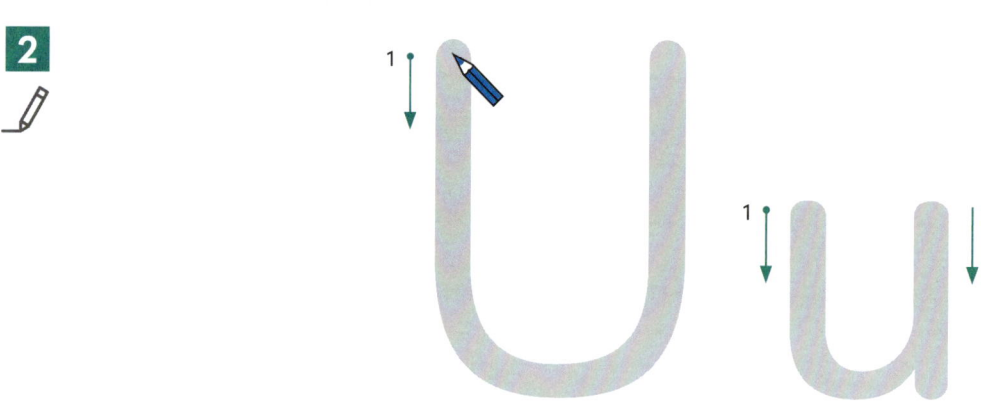

3

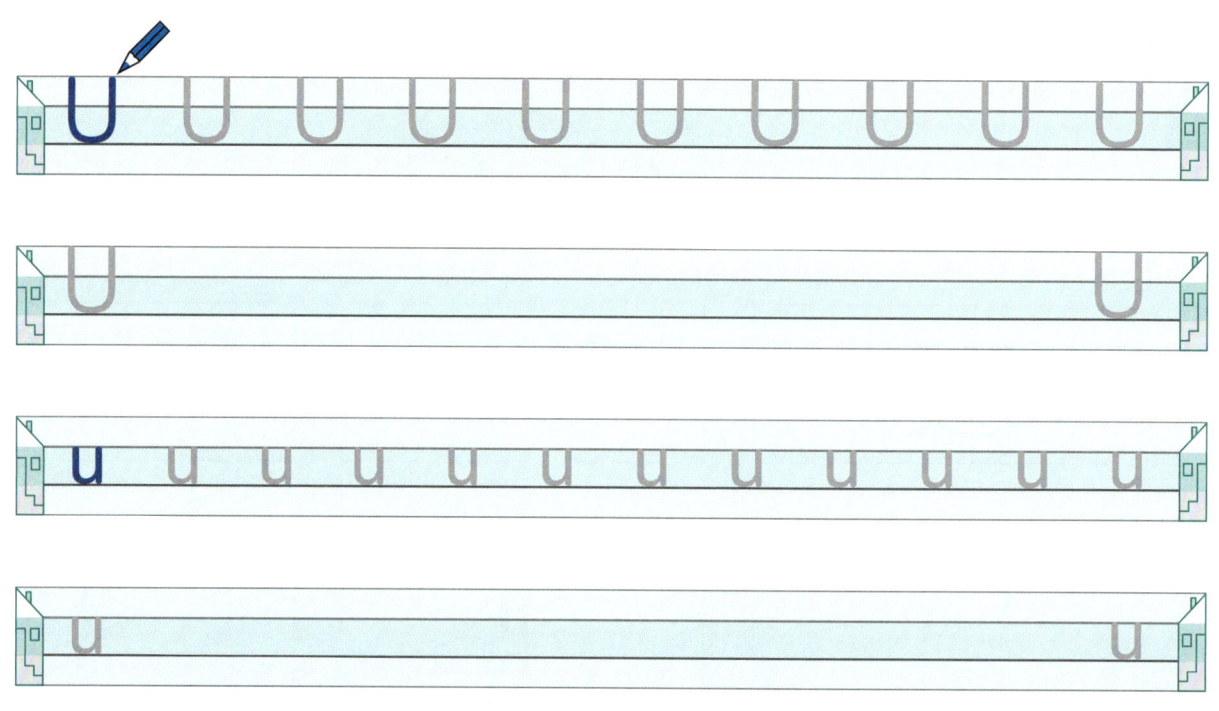

Aufgabe 1: Schwungübung
Aufgabe 2: U/u nachspuren
Aufgabe 3: U/u nachspuren und Restzeile entsprechend füllen

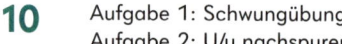

1

2

Ufo

Puppe

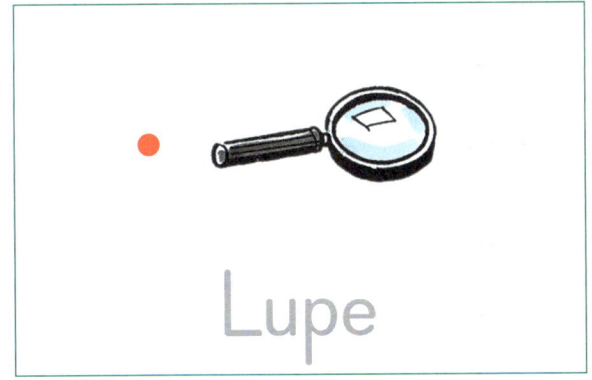

Lupe

Unfall

Aufgabe 1: U/u einkreisen
Aufgabe 2: Begriff benennen, Wort lesen und U/u nachspuren.

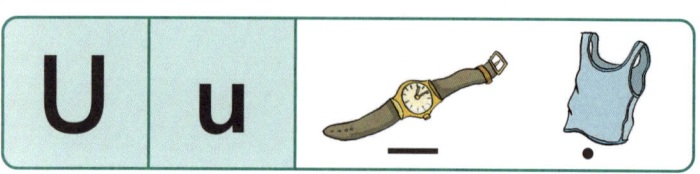

U	u	

  **Alle turnen**

Mo ist unten.
Sami ist unten.
Nur Lisa ist ...

Mo und Lisa rennen.
Mo rennt nur 1 Minute.

Lisa rennt 2 Minuten
und umarmt Mo.

 Ur   Um   su   ul   nun   pup

Aufgabe: Überschrift und Text lesen, Bilder betrachten; optional: Uhrzeit lesen
Das Ganzwort *und* ist zur besseren Wiedererkennung umrahmt. – Balken: offene und geschlossene Silben lesen

1

Mo ist im .
Alle rufen:
„Los, Mo!"

Male Mo.

  **Alle essen**

Lisa │und│ Mo essen Salat.

Sami │und│ Ali essen Suppe.
Sami muss pusten.
Ali ruft: „Tolle Suppe!"

Aufgabe 1: Text lesen, Aufgabe lesen und malen; optional: Uhrzeit lesen
Aufgabe: Text lesen und Bild betrachten; optional: Uhrzeit lesen

APP   13

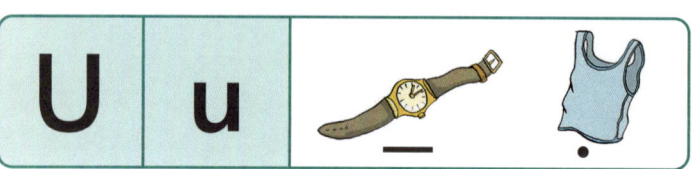

U u

1

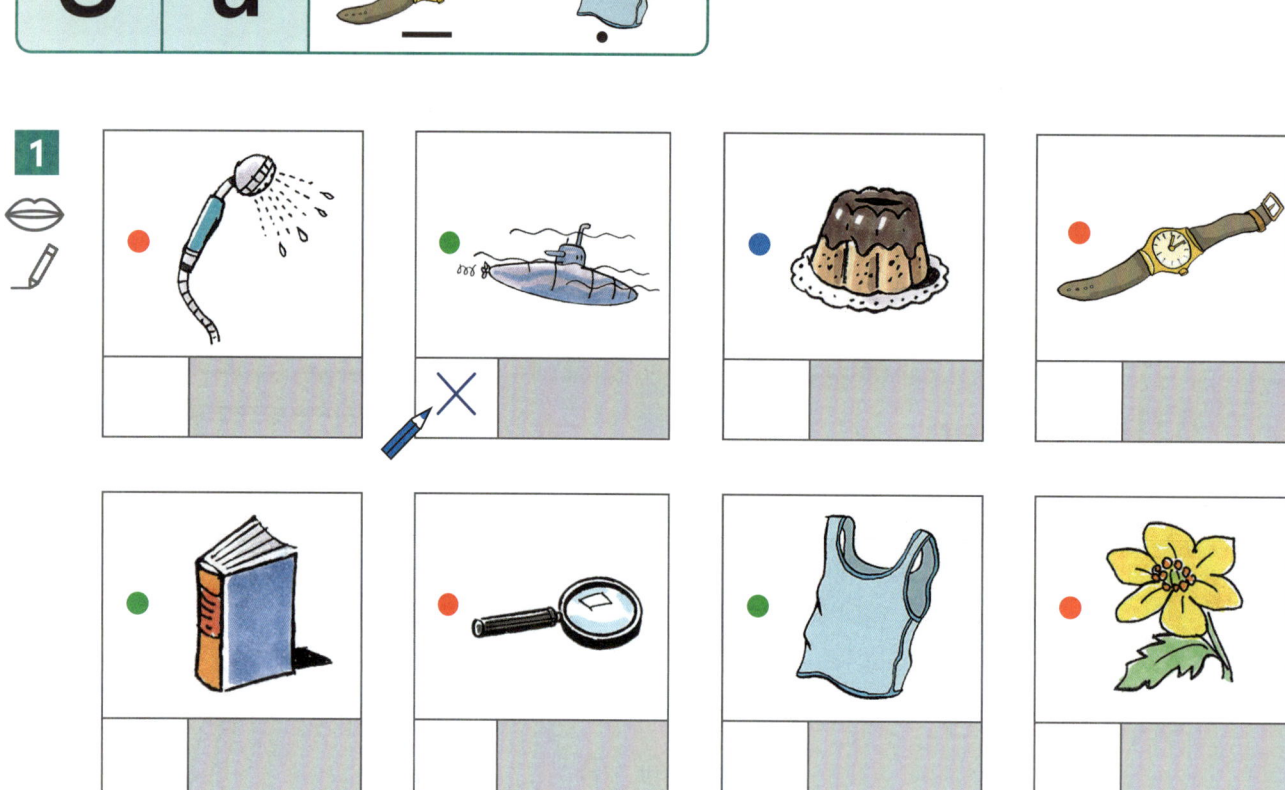

2

A S T̸ T U̸ U U U

Aufgabe 1: Begriffe abhören und ankreuzen, ob der U/u-Laut am Wortanfang zu hören ist
Aufgabe 2: Begriff benennen, Anfangsbuchstaben abhören und einsetzen, Buchstaben ausstreichen

1

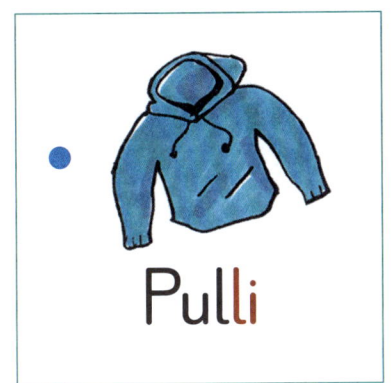

Pulli

Ananas

Turm

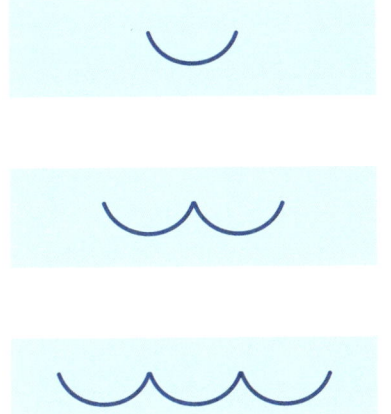

Ananas

2

a e i u

Lupe

nur

Puppe

Saft

Pulli

Unfall

Aufgabe 1: Begriffe sprechschwingen, Silbenzahl ermitteln und Begriff nach der Anzahl der Silben aufschreiben
Aufgabe 2: Wörter lesen, Vokale im Wort nachspuren und Silbenbögen setzen, optional: jede Silbe enthält einen Vokal

15

Lisa ist mit Mo in Oles  .

Lisas Mama ruft an.
Ole ist am Telefon.

Es ist  . Lisa soll los.

Lisa umarmt Ole.
Ole umarmt Mo.

Lisa und Mo rennen los.

Nun muss Lisa ins  .
Mo muss ins Moto.

Lesetext mit den eingeführten Buchstaben und Wortbildergänzungen (Haus, sechs Uhr, Bett)
Das Ganzwort *und* ist zur besseren Wiedererkennung umrahmt

Ei | ei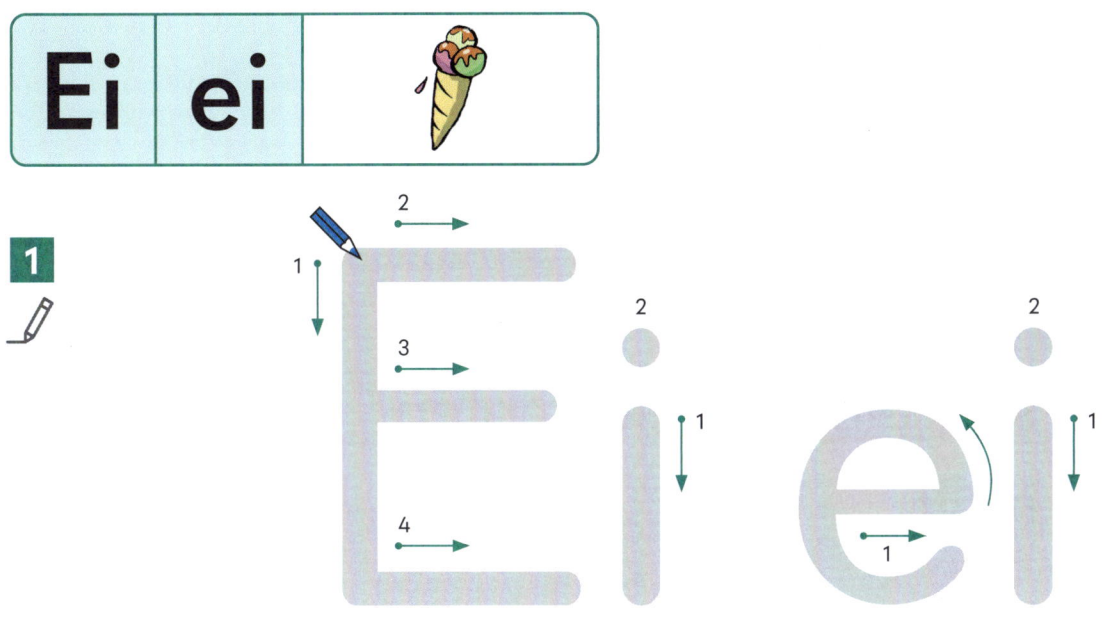

1

2

Ei Ei   Ei

ei ei   ei

3

Eis

Seil   leise

eine Ameise   ein Ei

Seite   Meise   Reis

Aufgabe 1: Ei/ei nachspuren
Aufgabe 3: Ei/ei nachspuren und Restzeile entsprechend füllen
Aufgabe 3: Ei/ei in den Wörtern entdecken und nachspuren

APP **17**

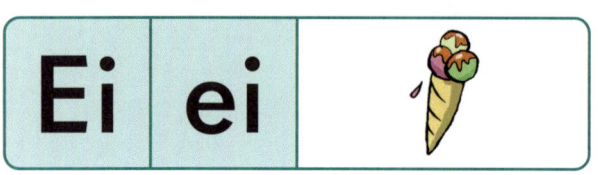

Ei | ei

Nina und eine Meise

Nina soll eine Meise malen.

Nina malt.

Mama ruft:

„Eine Meise soll rosa sein. Nein!"

Also muss Nina mit Mama

ins Internet.

Mama soll nur einmal

tippen und lesen.

Nina soll allein malen.

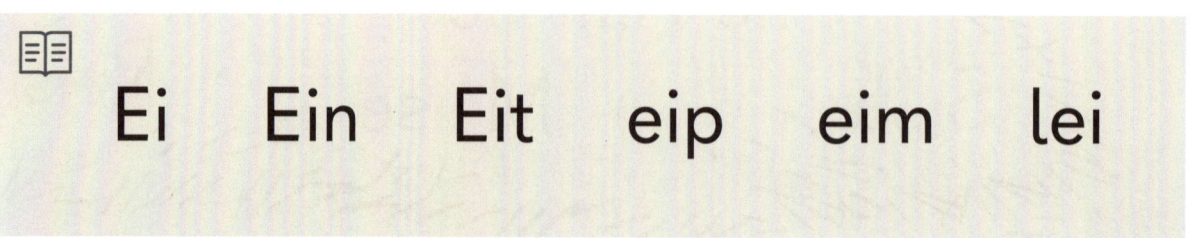

Ei   Ein   Eit   eip   eim   lei

Aufgabe: Überschrift und Text lesen
Balken: offene und geschlossene Silben lesen

📖 Im Internet

Eine Meise im Nest
Ist ein Ei im Nest?
Nein!
4 Mini-Meisen teilen ein Nest.
Mini-Meisen rufen leise
Meisen-Mama.

1 Male eine Meise an.

1

2

E ~~Ei~~ Ei Ei ~~L~~ L M P

Aufgabe 1: Begriffe abhören und ankreuzen, ob der Ei/ei-Laut am Wortanfang zu hören ist
Aufgabe 2: Begriff benennen, Anfangsbuchstaben abhören und einsetzten, Buchstaben ausstreichen

1

Meise · Eis · Ei

∪ — Eis

∪∪ —

2

~~ein~~ ein ein ein · ~~eine~~ eine eine eine

eine ·

ein ·

·

·

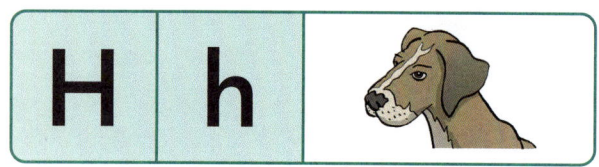

1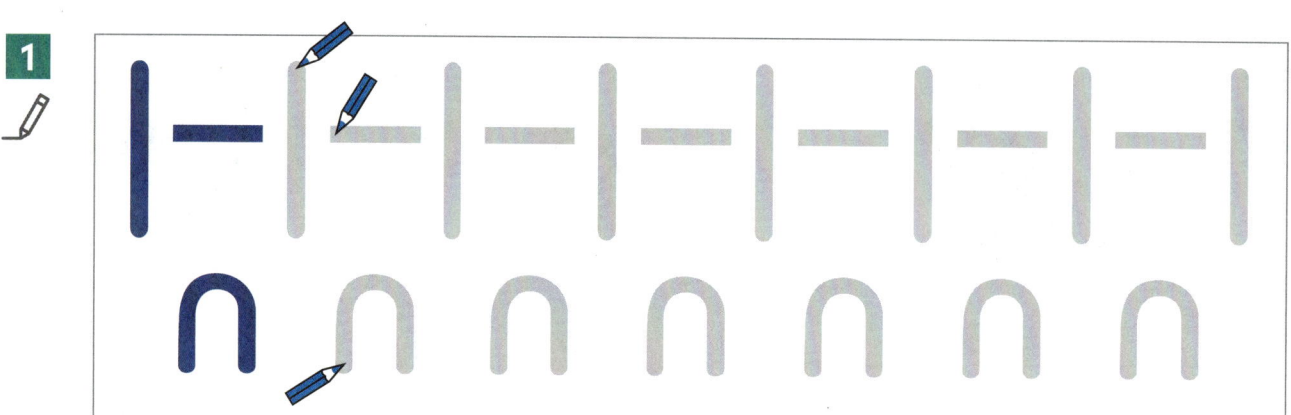

2

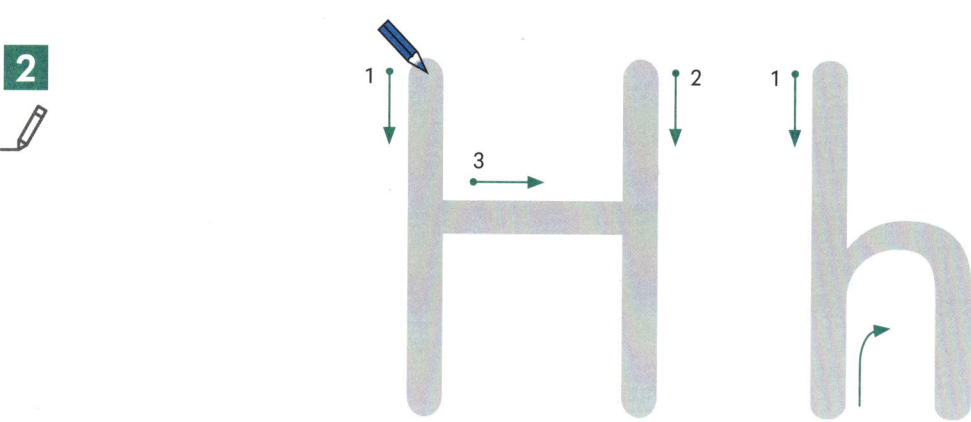

3

Aufgabe 1: Schwungübung
Aufgabe 2: H/h nachspuren
Aufgabe 3: H/h nachspuren und Restzeile entsprechend füllen

1

2

Hase

Hafen

Heft

Hut

Helm

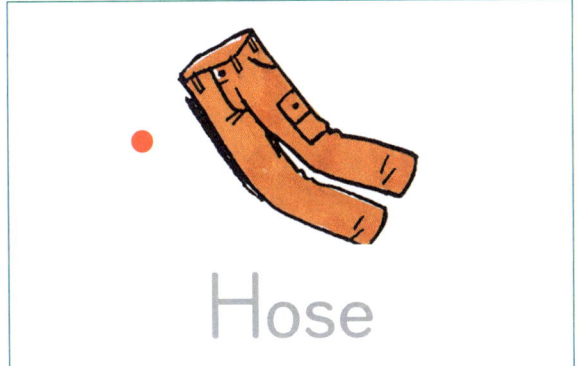

Hose

Aufgabe 1: H/h markieren
Aufgabe 2: Begriff benennen, Wort lesen und H nachspuren

23

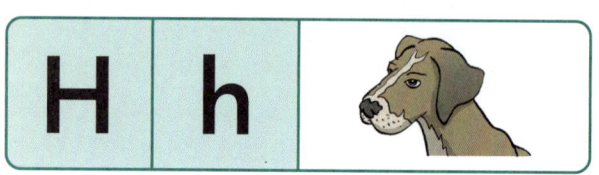

📖 Hilfe holen

Mo ruft:

„Ein Unfall im Hof!"

Lisa und Mo rennen hin.

Nina ruft:

„Aaa, meine Nase!"

Lisa nimmt Mos Telefon:

„Mama? Hilfe!

Nina hatte einen Unfall!"

📖 Hu   Hi   Hal   he   hip   hop

Aufgabe: Überschrift und Text lesen, Bilder betrachten
Balken: offene und geschlossene Silben lesen

Mama, Lisa und Mo helfen

Mama holt Eis.
Nina hat eine .

Nina ruft:
„Meine Hose hat
einen Riss am Po."
Lisa holt eine Hose.

Mo: „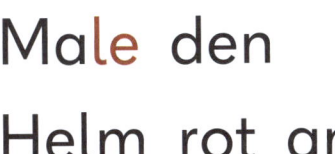 nur mit Helm!"
Lisa: „Nina, nimm erst einmal
         meinen Helm!"
Nina: „Toll!"

1 Male den
Helm rot an.

Aufgabe: Überschrift und Text lesen, Bilder betrachten
Aufgabe 1: Aufgabenstellung lesen und Helm anmalen.

25

| H | h | 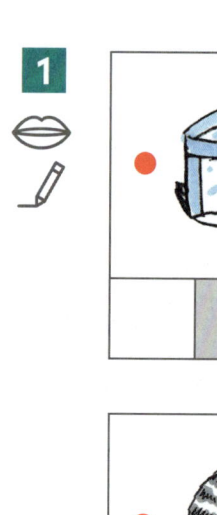 |

1

 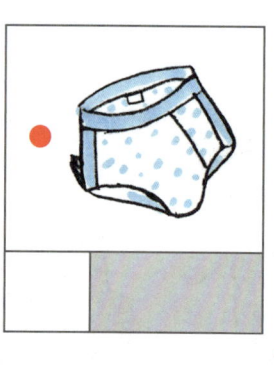 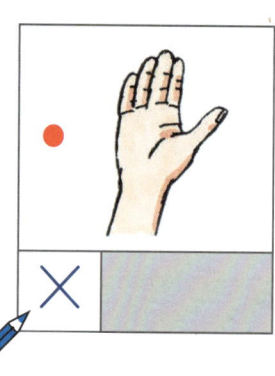 

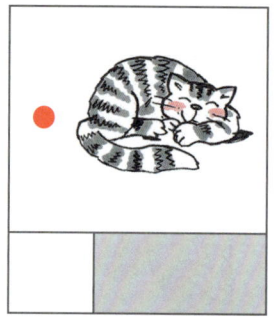 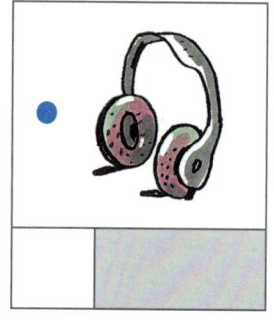  

2

B F H̶ H H L S̶ S

S H

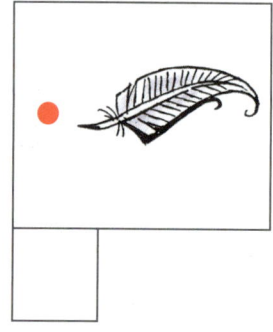   

Aufgabe 1: Begriffe abhören und ankreuzen, ob der H/h-Laut am Wortanfang zu hören ist
Aufgabe 2: Begriff benennen, Anfangsbuchstaben abhören und einsetzen, Buchstaben ausstreichen

1

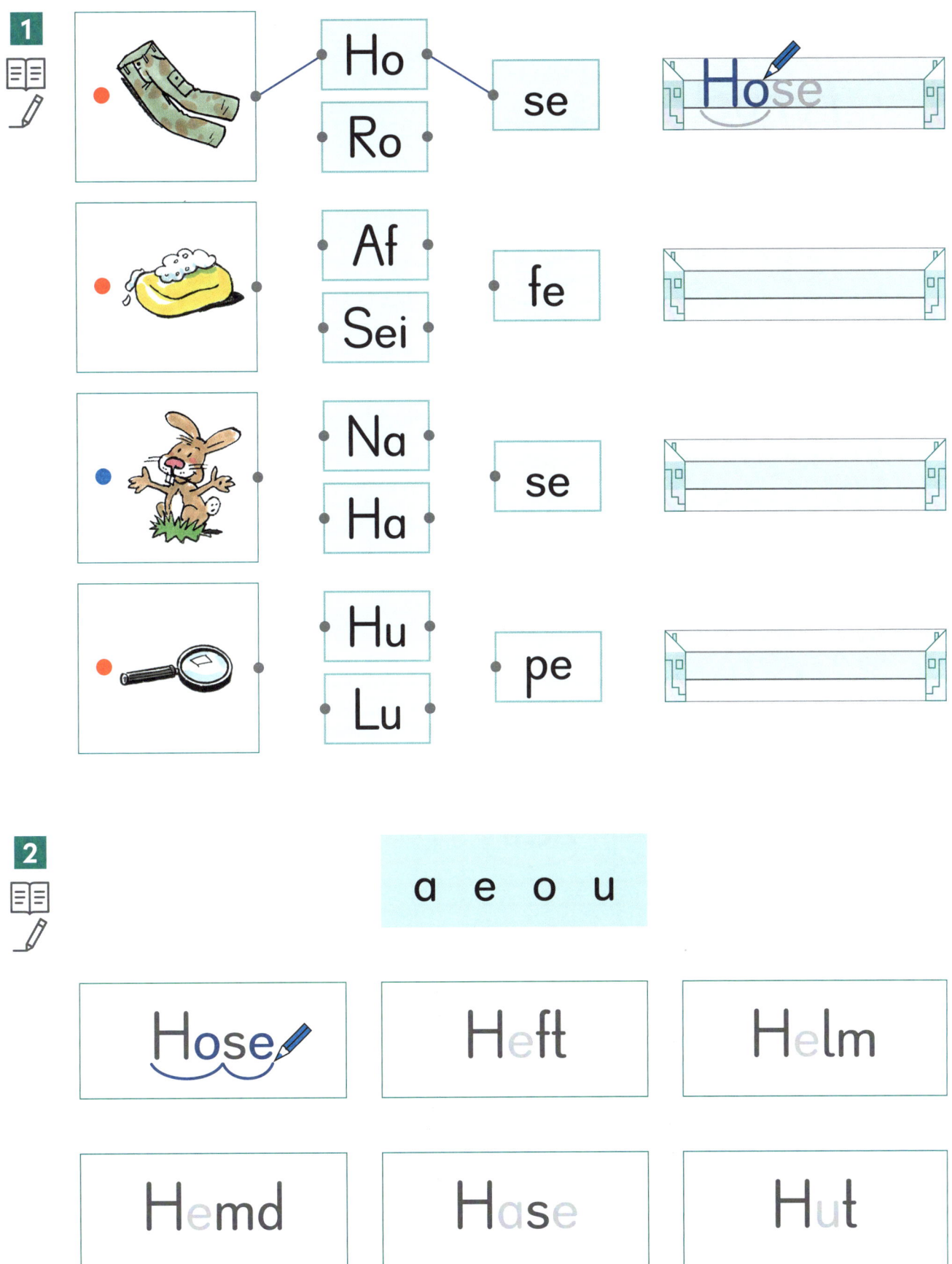

Ho / Ro	se	Hose
Af / Sei	fe	
Na / Ha	se	
Hu / Lu	pe	

2

a e o u

Hose	Heft	Helm
Hemd	Hase	Hut

Aufgabe 1: Begriffe sprechschwingen; Silben lesen, Bild mit passender Anfangs- und Endsilbe verbinden,
Wörter aufschreiben, Silbenbögen setzen
Aufgabe 2: Wörter lesen, Vokale im Wort nachspuren und Silbenbögen setzen

Ampel

Ampel, A

Seife

Seife

hallo

hallo

sein

sein

muss

muss

Wörter in der Lineatur lesen; Wörter nachspuren, Silbenbögen setzen und
Wörter selbstständig in Dreierlineatur schreiben; optional: Silbenbögen setzen

 **Au** | **au**

1

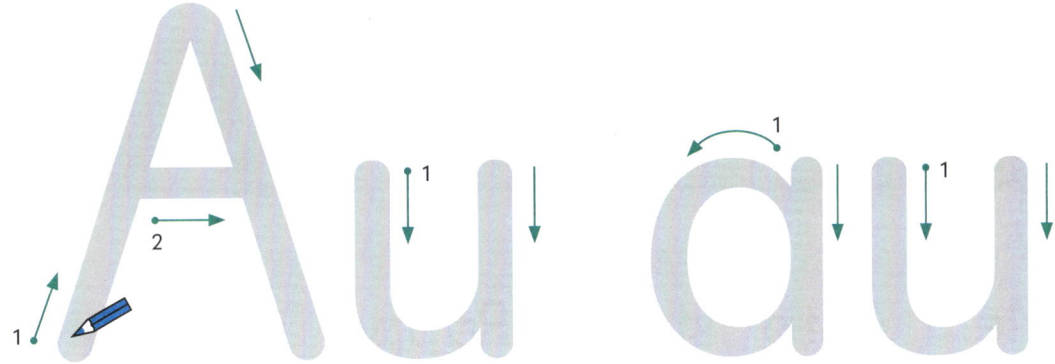

2

Au Au Au Au Au Au Au Au Au

Au .... Au

au au au au au au au au

au .... au

3

Maus
Auto Haus Laus
Sau Raum
laufen aus
auf Automat

Aufgabe 1: Au/au nachspuren
Aufgabe 3: Au/au nachspuren und Restzeile entsprechend füllen
Aufgabe 3: Au/au in den Wörtern entdecken und nachspuren

 APP   **29**

Au | au

 **Lauter Autos**

Mein Auto ist aus Pappe.
Es ist ein lila Auto.
Hinten hat es
rote Lampen.

Mein Auto ist aus Metall.
Es hat eine laute Hupe
und saust auf
roten Reifen.

Aup   Aut   Auf   aus   rau   lau

Aufgabe: Überschrift und Text lesen; Bilder betrachten
Balken: offene und geschlossene Silben lesen

Mein Auto ist aus .

Auf meinem Auto ist ein Turm.

Am Turm ist ein Tau.

Mein Auto ist rosa.

Es ist ein Sofa mit Reifen.

Mein Auto rast selten.

Es ist oft faul.

1

A f f e

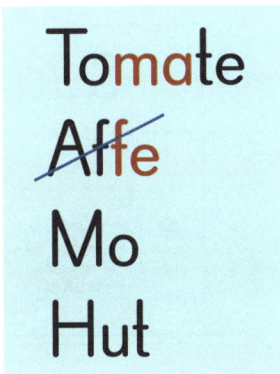

Tomate

~~Affe~~

Mo

Hut

Aufgabe: Text lesen; Bilder betrachten

Aufgabe 1: Begriffe benennen, Wörter im Kasten lesen, richtiges Wort auswählen und in Kreuzworträtsel eintragen; Lösungswort *Auto* erlesen

Au au

1

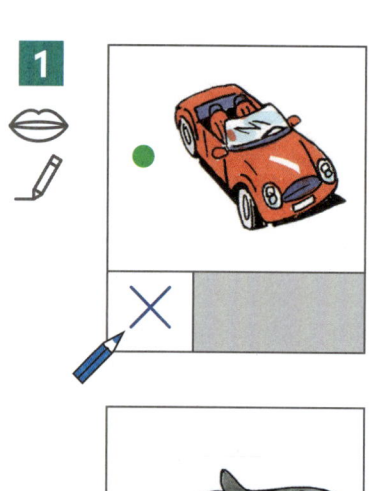 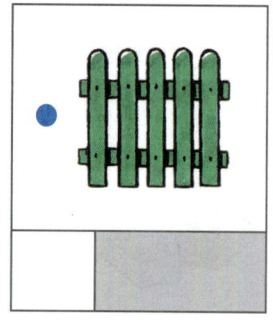  

×

 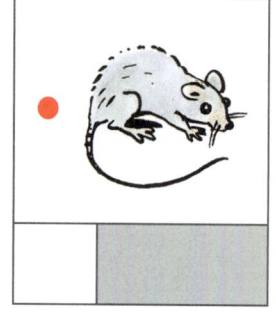 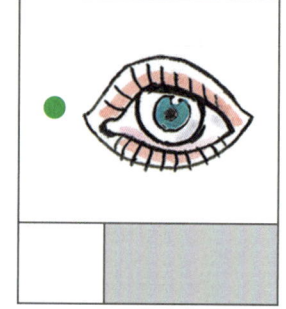 

2

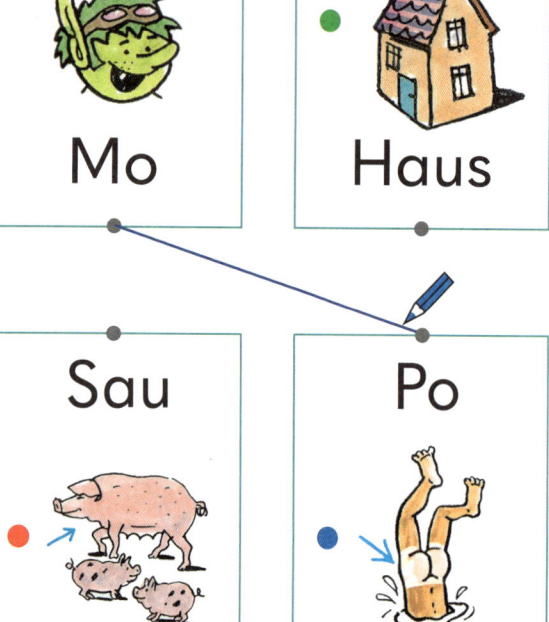 Mo

Haus

Tau

Hase

Sau

Po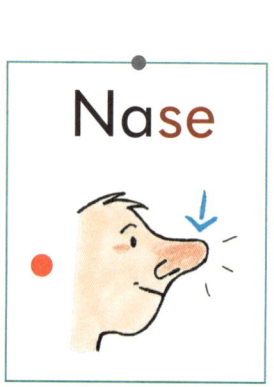

Nase

Maus

Aufgabe 1: Begriffe abhören und ankreuzen, ob der Au/au-Laut am Wortanfang zu hören ist
Aufgabe 2: alle Wörter lesen (mit Bildunterstützung) und Reimwörter verbinden

1

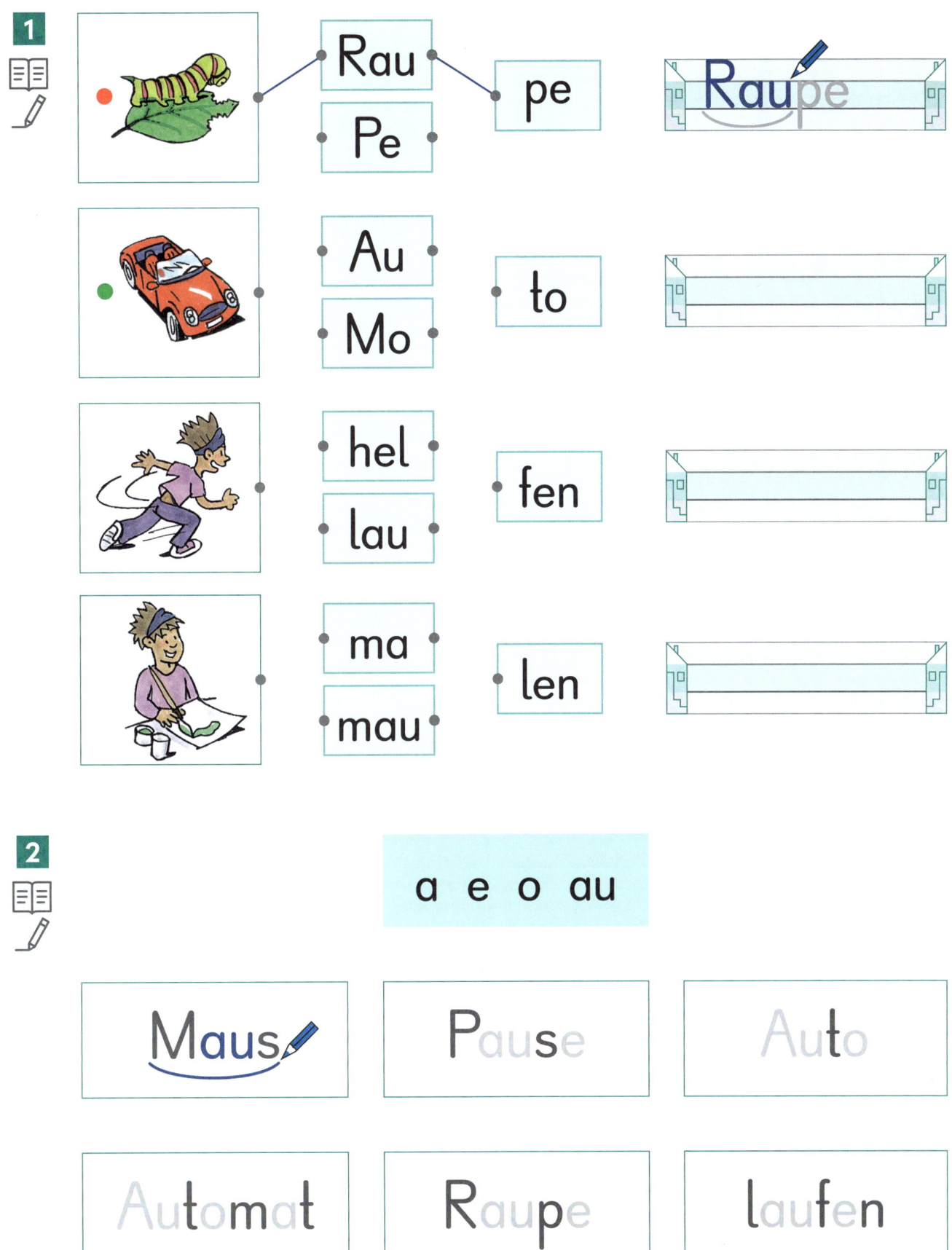

Bild	Anfangssilbe	Endsilbe	Wort
(Raupe)	Rau / Pe	pe	Raupe
(Auto)	Au / Mo	to	
(helfen)	hel / lau	fen	
(malen)	ma / mau	len	

2

a e o au

Maus	Pause	Auto
Automat	Raupe	laufen

Aufgabe 1: Begriffe sprechschwingen; Silben lesen, Bild mit passender Anfangs- und Endsilbe verbinden, Wörter aufschreiben, Silbenbögen setzen

Aufgabe 2: Wörter lesen, Vokale im Wort nachspuren und Silbenbögen setzen

1

2

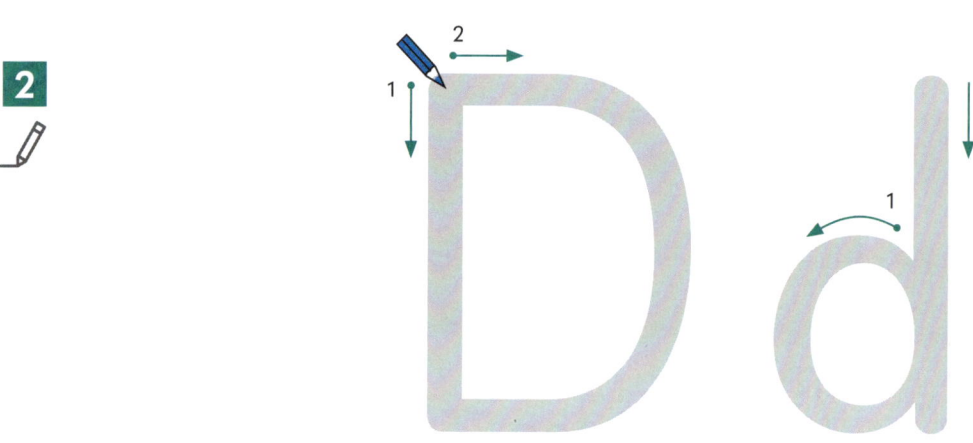

3

D D D D D D D D D D D D

D   D

d d d d d d d d d d d d

d   d

Aufgabe 1: Schwungübung
Aufgabe 2: D/d nachspuren
Aufgabe 3: D/d nachspuren und Restzeile entsprechend füllen

APP

1

2

Delfin

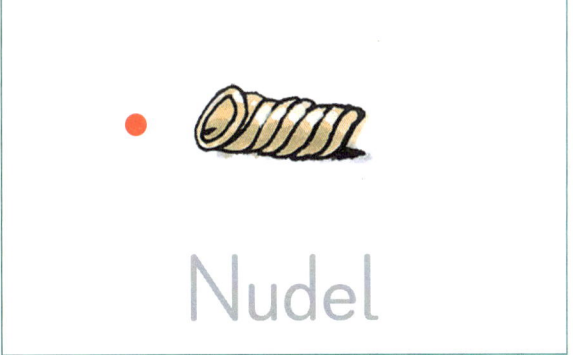

Nudel

Hund

Dose

Aufgabe 1: D/d einkreisen
Aufgabe 2: Begriff benennen, Wort lesen, D/d nachspuren

 **Dominos**

Pepe und Ali malen ein Domino.

Pepe malt erst ein (D).

Ali malt nun

eine .

Das ist ein Lese-Domino.

Ole soll Auto lesen.

Lisa soll dann

 finden.

Di Da Duf da di dem

Aufgabe: Überschrift und Text lesen, Bilder betrachten; im Text markierte Wörter oder Bilder auf den Dominosteinen einkreisen
Balken: offene und geschlossene Silben lesen

Das ist ein Reim-Domino.

Li hat Haus .

Mo soll

Maus finden.

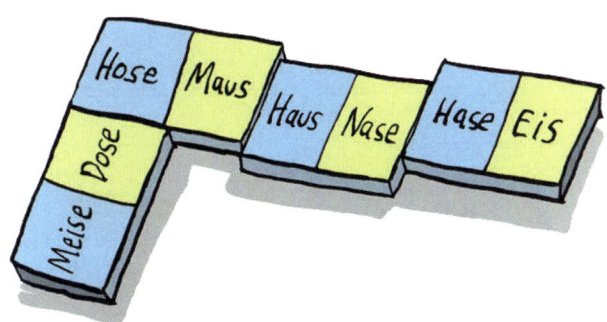

Sami hat Ro .

Ela hat se .

Sami und Ela lesen sofort Rose .

1  Male drei Domino-Teile.

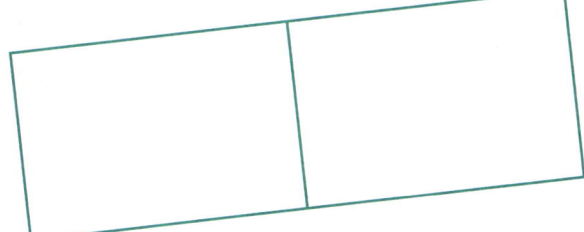

Aufgabe: Text lesen, Bilder betrachten; im Text markierte Wörter oder Silben
auf den Dominosteinen einkreisen
Aufgabe 1: Aufgabenstellung lesen, eigene Dominoteile schreiben und/oder malen

APP 37

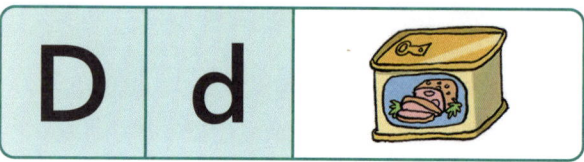

D d

1

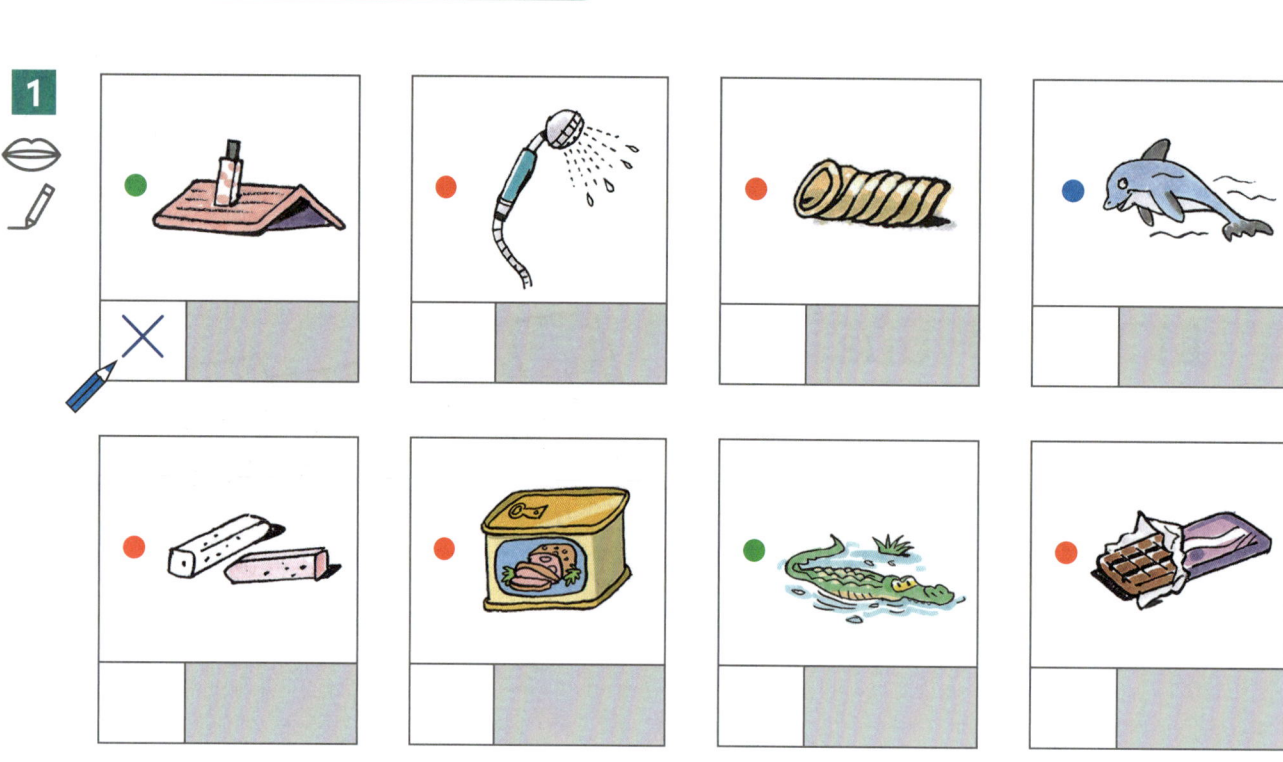

2

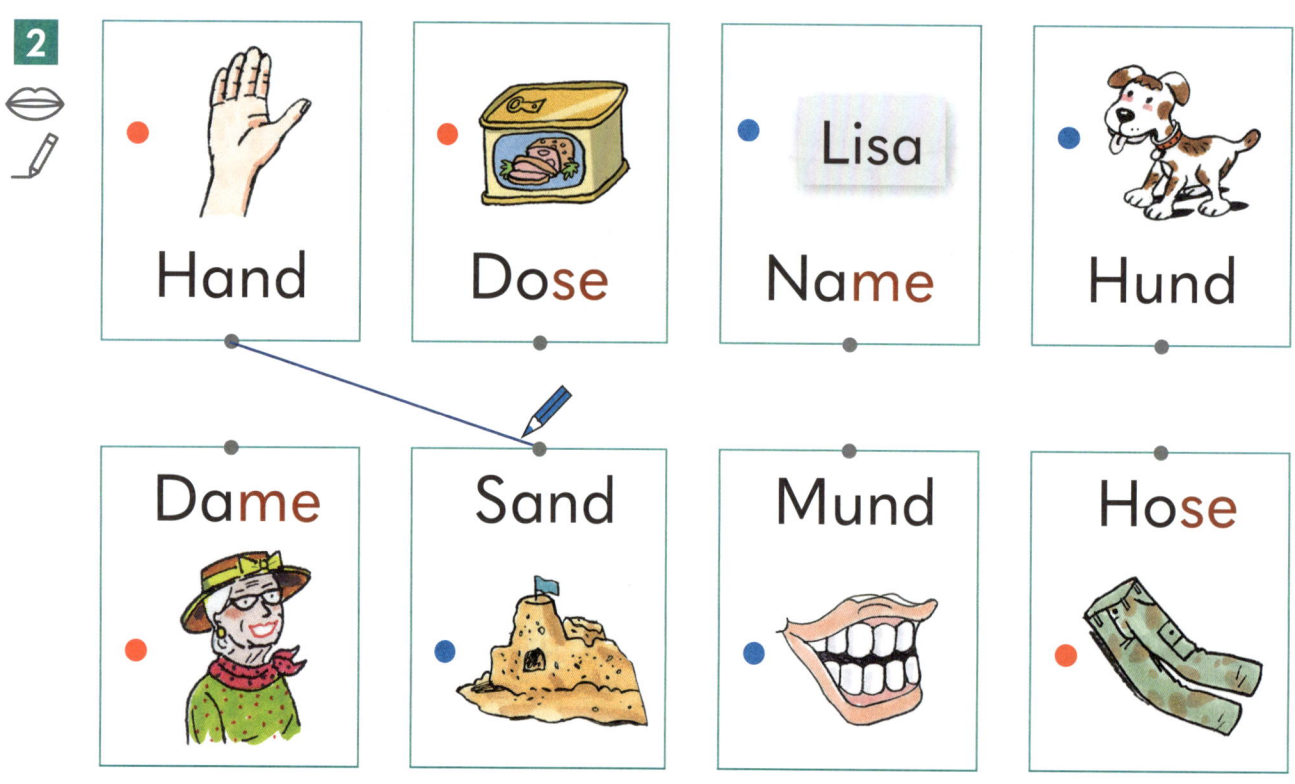

Hand · Dose · Lisa Name · Hund
Dame · Sand · Mund · Hose

Aufgabe 1: Begriffe abhören und ankreuzen, ob der D/d-Laut am Wortanfang zu hören ist
Aufgabe 2: alle Wörter lesen (mit Bildunterstützung) und Reimwörter verbinden

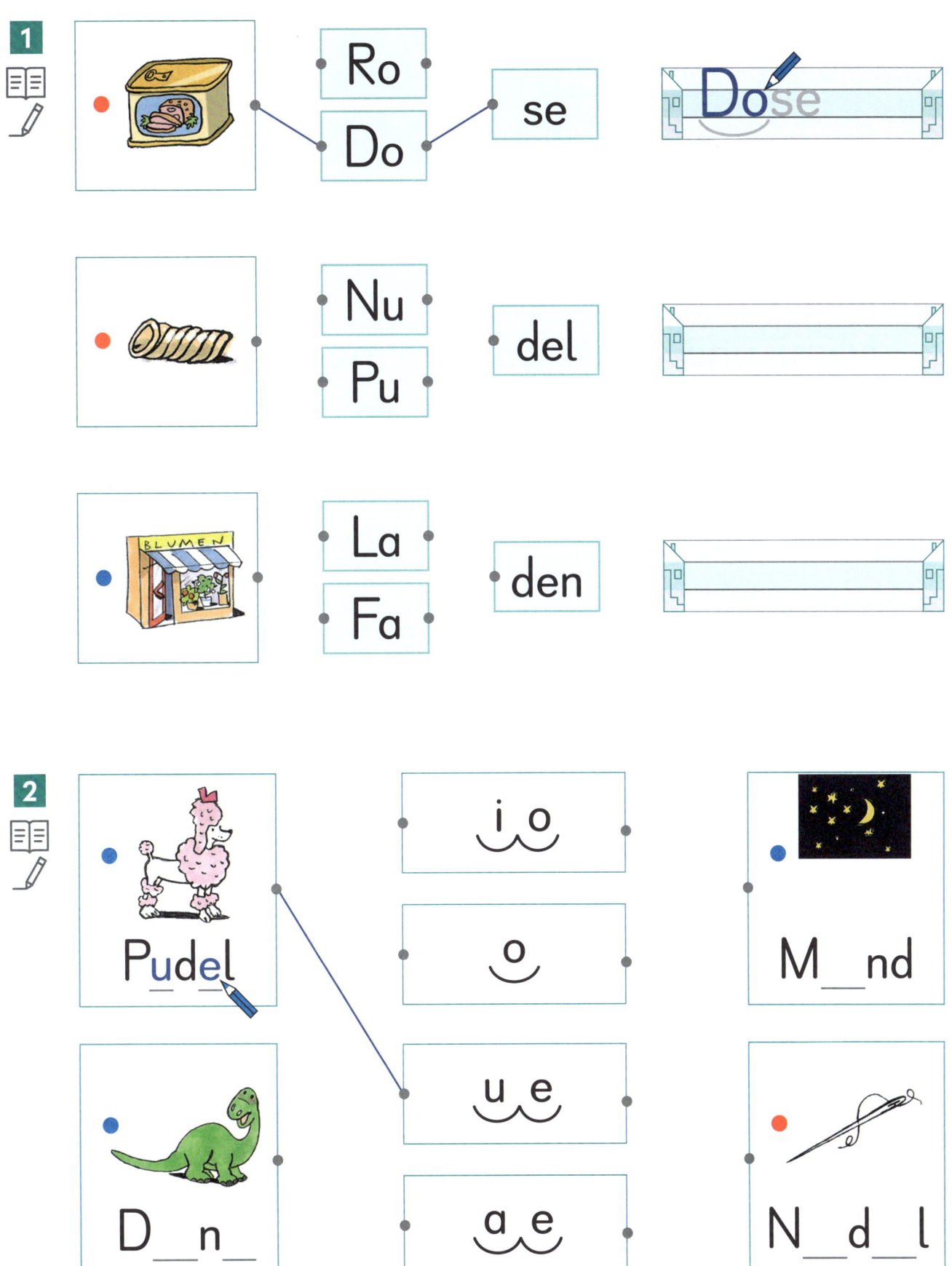

1

Ro
Do → se

Dose

Nu
Pu   del

La
Fa   den

2

Pudel

i o

o

u e

a e

D_n_

M__nd

N__d__l

Aufgabe 1: Begriffe sprechschwingen; Silben lesen, Bild mit passender Anfangs- und Endsilbe verbinden,
Wörter aufschreiben, Silbenbögen setzen
Aufgabe 2: Begriffe benennen und sprechschwingen, fehlende Vokale heraushören und mit Begriffen verbinden

39

📖 Hof-Pause

Es ist Pause.
Alle sind auf dem Hof.

Mimi und Pepe sausen herum.
Ela turnt.
Lola und Mo reden.

Ali findet auf einmal eine Ente.
Eine Ente auf dem Hof?
Seltsam.
Sie ist mini und allein.

Sami holt Hilfe.
Der Mann muss
Mama-Ente finden.

APP

Ch | ch

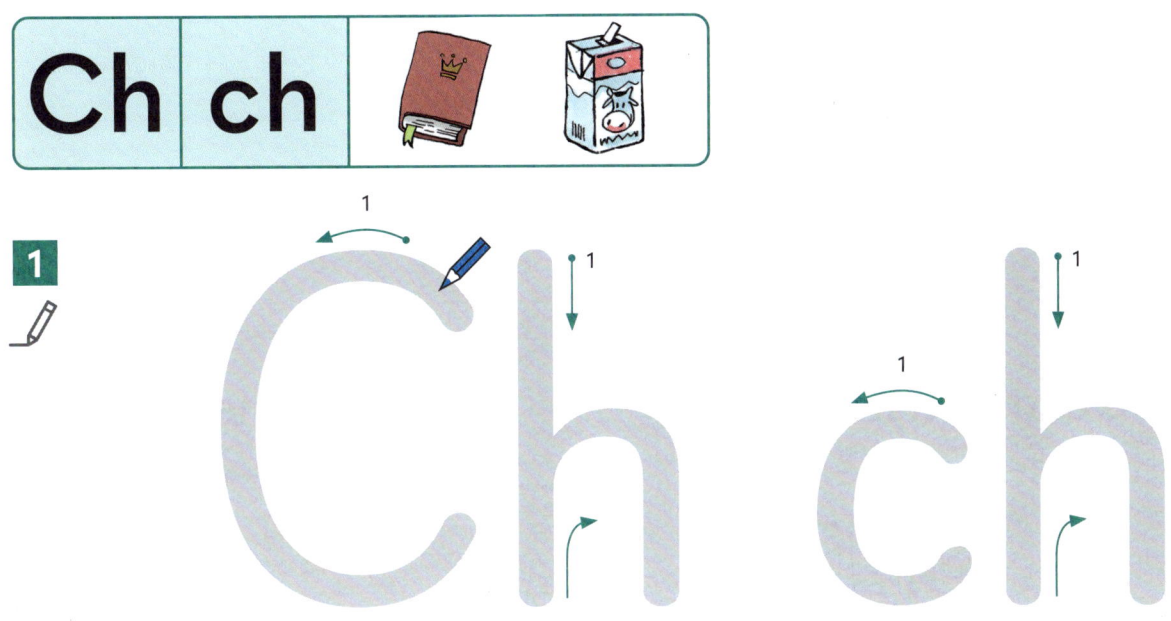

1

2

Ch   Ch   Ch

ch   ch   ch

3

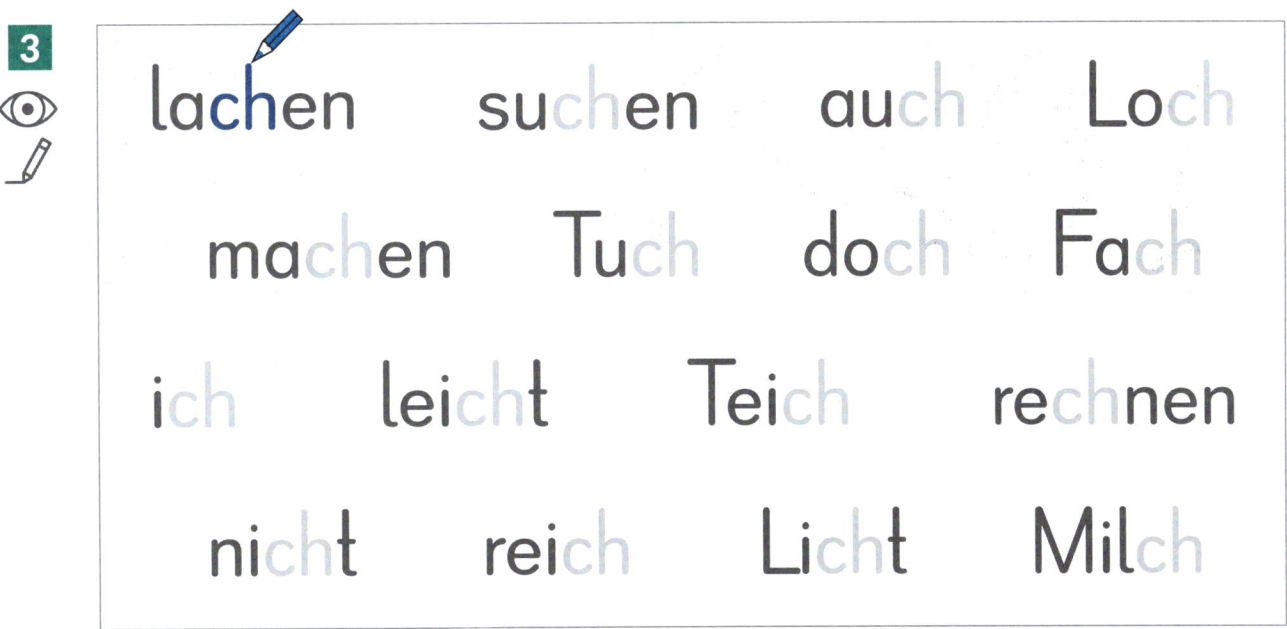

lachen   suchen   auch   Loch

machen   Tuch   doch   Fach

ich   leicht   Teich   rechnen

nicht   reich   Licht   Milch

Aufgabe 1: Ch/ch nachspuren
Aufgabe 3: Ch/ch nachspuren und Restzeile entsprechend füllen
Aufgabe 3: ch in den Wörtern entdecken und nachspuren

 41

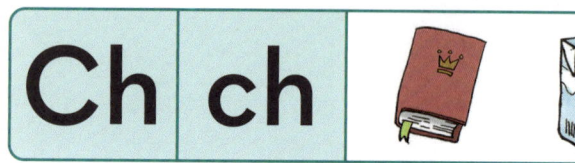

Ch | ch

📖 **Auf der Suche**

Du machst
seltsame Sachen.

Ich suche
meine Uhr.

Ist deine Uhr
dort im Fach?

Ich sehe noch
einmal nach.

Nur eine
Mappe.

Ach, das ist
meine Mappe.

Ich sehe mal unter
dem Dach nach.

📖

ach   uch   och

Aufgabe: Überschrift und Text lesen und Bilder besprechen;
Text enthält nur Wörter mit ach-Lautung
Balken: Silben lesen

Das Auto ist auf dem Fach.

Das Auto ist in dem Fach.

Das Auto ist nicht im Fach.

Aufgabe: Text lesen und Bilder besprechen; Text enthält nur Wörter mit ich-Lautung
Aufgabe 1: Sätze lesen und mit dem richtigen Bild verbinden.

43

Ch	ch		

1

×

2

lacht

Dach

Dose

Meise

Rose

Kreise

acht

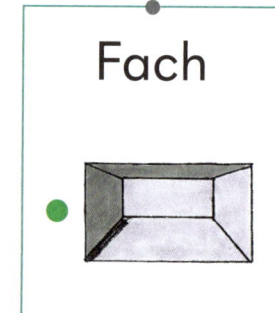

Fach

Aufgabe 1: Begriffe abhören und ankreuzen, ob der ch-Laut im Wort zu hören ist
Aufgabe 2: alle Wörter lesen (teilweise mit Bildunterstützung) und Reimwörter verbinden

1

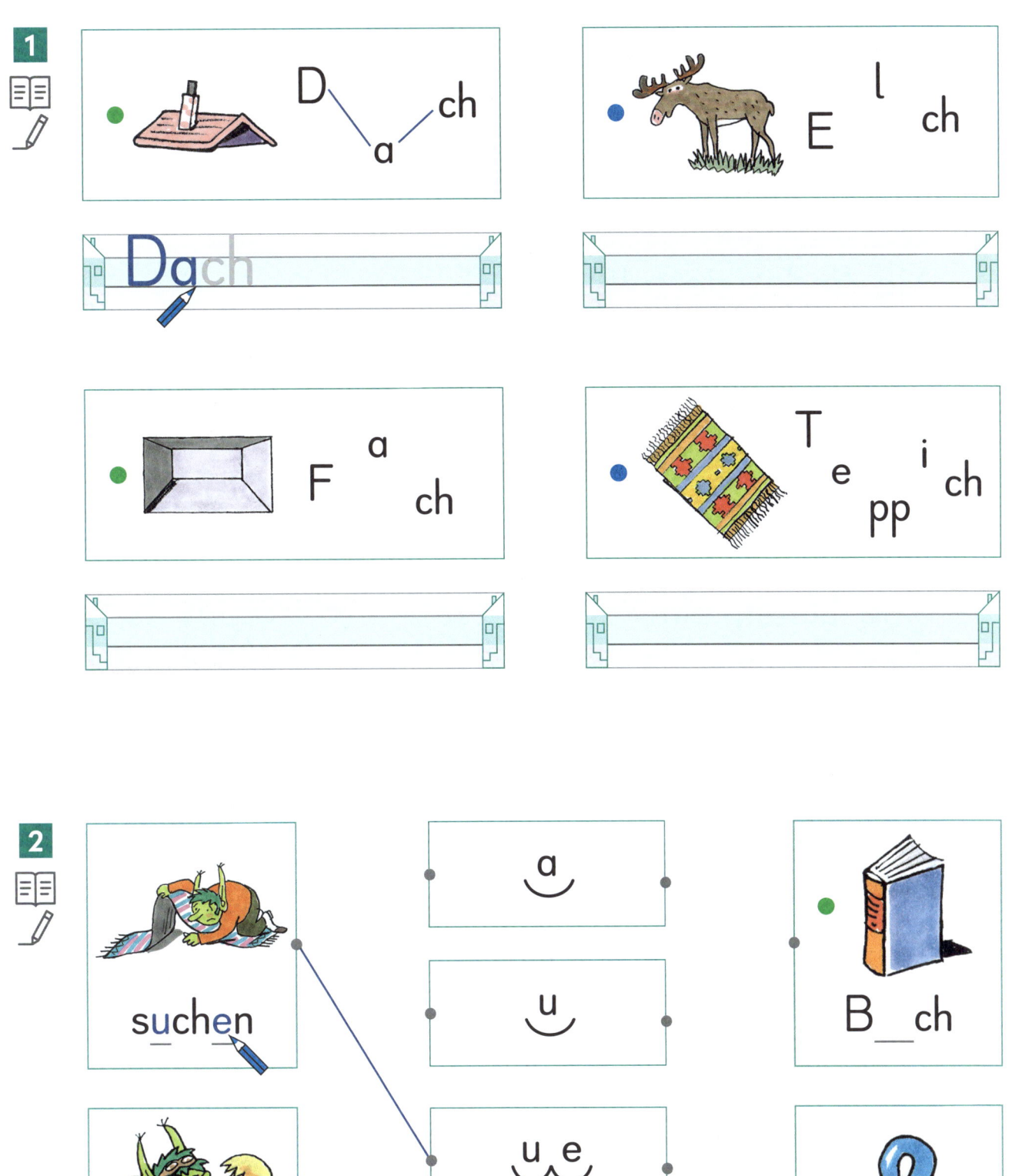

D — a — ch

Dach

E ˡ ch

F ᵃ ch

T e ⁱ ch
pp

2

suchen

a

u

u e

a e

l__ch__n

B_ch

8

__cht

Aufgabe 1: Begriffe benennen; Einzelbuchstaben lesen und in der richtigen Reihenfolge zusammenziehen;
Wörter aufschreiben - Aufgabe 2: Begriffe benennen und sprechschwingen, fehlende Vokale heraushören und
mit Begriffen verbinden

45

-er

📖 **Eine Ritter-**

Sami hat eine Ritter-.
Lisa und Mo sehen sich die Ritter- an.
Mo findet sie toll!

Ein Ritter auf dem Turm
passt auf.
Auf der  sind
eine Leiter, ein Reiter
und eine Frau mit Eimer.

Ein Ritter hat einen Helm.
Und er hat ein Hemd aus Eisen.
An seiner Hose ist auch Eisen.

📖 **Ritter   Leiter   Reiter   Eimer**

Aufgabe: Text mit Wortbildergänzung (Burg) lesen und Bilder betrachten
Balken: Hervorhebung der Endung -er

1 Hat der Ritter einen Helm?

Ist die Frau auf dem Turm?

Hat der Ritter einen Eimer?

Hat der Ritter ein Hemd aus Eisen?

Ist ein Ritter auf der Leiter?

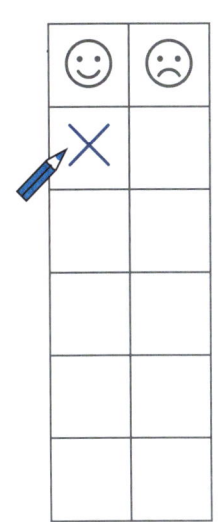

2

| | Leiter |
| | Reiter |

Leiter

| | Eimer |
| | Ritter |

| | Leder |
| | Feder |

| | Maler |
| | Mauer |

Aufgabe 1: Fragen lesen, Erzählbild auf Seite 46 betrachten und ankreuzen
Aufgabe 2: Bild betrachten, Auswahlwörter lesen, richtiges Wort mit Bild verbinden und aufschreiben

47

Das kann ich schon

 Lisa muss ins .

Leider!

Lisa soll nicht mehr lesen.

Doch Lisa nimmt das .

„Ich lese nur eine Seite.

Das  ist so toll."

Mama lacht und meint: „Noch eine Seite!"

rufen

1

rufen

leise

leise

Haus

Haus

machen

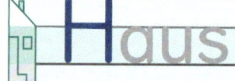

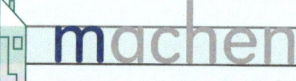

Aufgabe: Text mit Wortbildergänzungen (Bett, Buch) lesen
Aufgabe 1: Grundwortschatzwörter lesen, Silbenbögen nachspuren, Wörter schreiben und Silbenbögen setzen

Wörterliste

D d

Del**fin**

der

Do**se**

ein   eine   •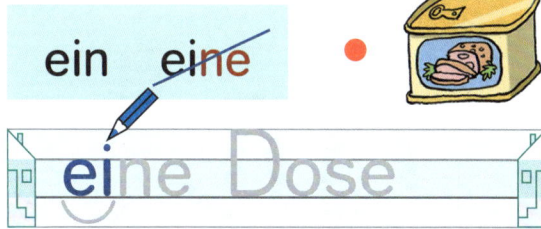

eine Dose

F f

f**au**l

Fo**to**

ein   eine   •

ei   Foto

H h

hal**lo**

Helm

Hut

ein   eine   •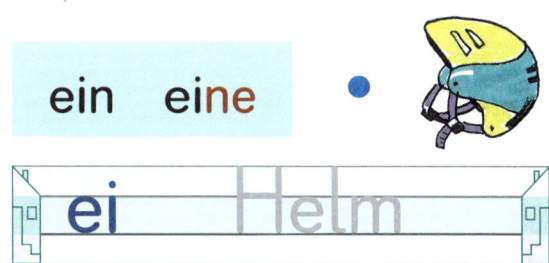

ei   Helm

U u

Ufo

um**ar**men

Un**fall**

ein   eine   •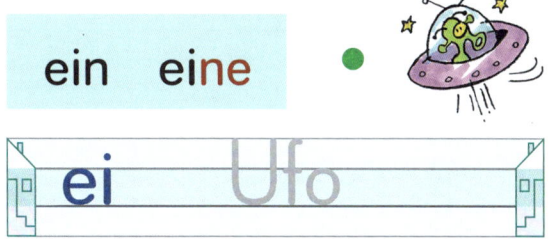

ei   Ufo

Wörterliste in alphabetischer Reihenfolge mit eingeführten Wörtern
Schreibzeile zum Nachspuren eines Nomens und Ergänzen des richtigen unbestimmten Artikels.

49

1

2

3

Aufgabe 1: Schwungübung
Aufgabe 2: W/w nachspuren
Aufgabe 3: W/w nachspuren und Restzeile entsprechend füllen

APP

1

2

Wal

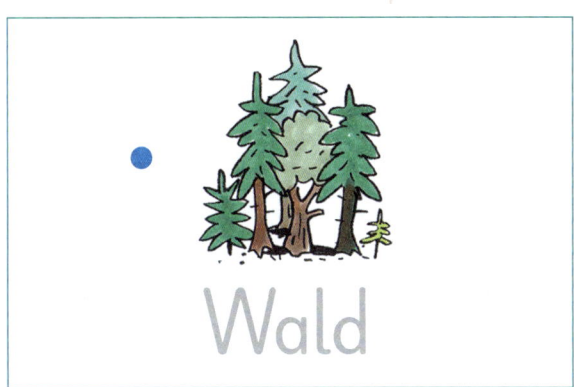

Wald

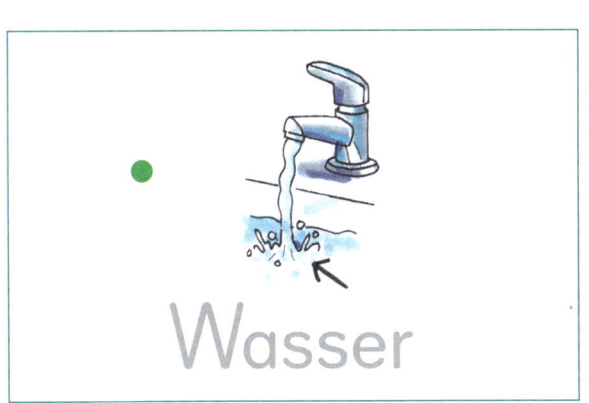

Wasser

Wolle

Aufgabe 1: W/w einkreisen
Aufgabe 2: Begriff benennen, Wort lesen, W/w nachspuren

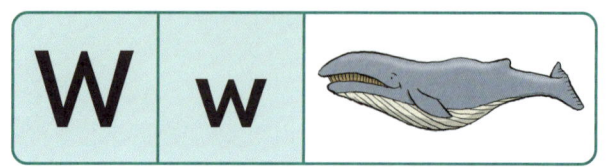

W w

📖 Wandern im Wald

Pepe und alle anderen sollen im Wald wandern.

Nina sucht Ameisen.

Sie findet etwas.

Was ist das?

Ein Haufen

Ameisen laufen herum.

Wohnen die Ameisen in dem Haufen?

1 Ole findet einen Teil eines Geweihs.
📖✏️ Wer hat denn so etwas?

Wo   Wu   Wim   wi   wa   wet

Aufgabe: Überschrift und Text lesen, Bilder betrachten
Aufgabe 1: Text und Frage lesen, Bilder betrachten, Antwort ankreuzen
Balken: offene und geschlossene Silben lesen

 **Pause am See**

Momo, Lola und Sami machen
eine Pause am See.
Lola wirft einen Ast ins Wasser.
Sofort saust eine Ente dahin.

Momo meint:
„Die Ente will den Ast essen."
Sami lacht:
„Oder die Ente will den Ast
ins Nest holen."

1 Lola will wissen:

„Sollen wir Futter in den See werfen?"	„Sollen sich Enten im See das Futter allein suchen?"

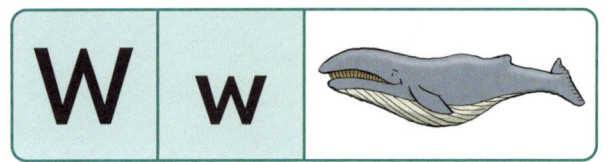

W | w

1

 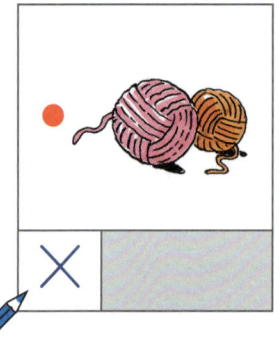  

   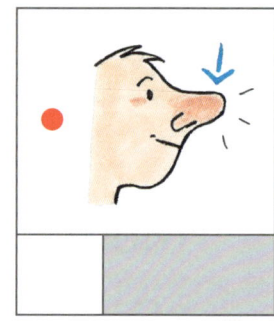

2

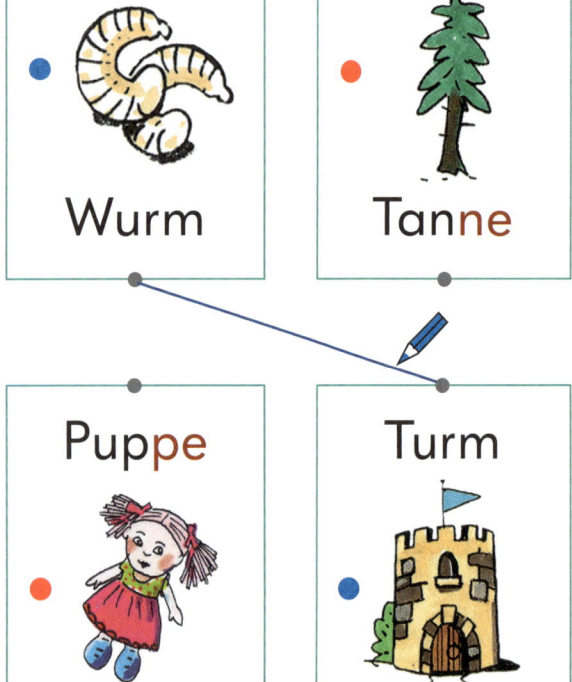

Wurm | Tanne | Suppe | Pinsel

Puppe | Turm | Insel | Wanne

Aufgabe 1: Begriffe abhören und ankreuzen, ob der W/w-Laut am Wortanfang zu hören ist
Aufgabe 2: alle Wörter lesen (mit Bildunterstützung) und Reimwörter verbinden

1

W e ll e
Welle

W a nn e

W u r m

W a ss e r

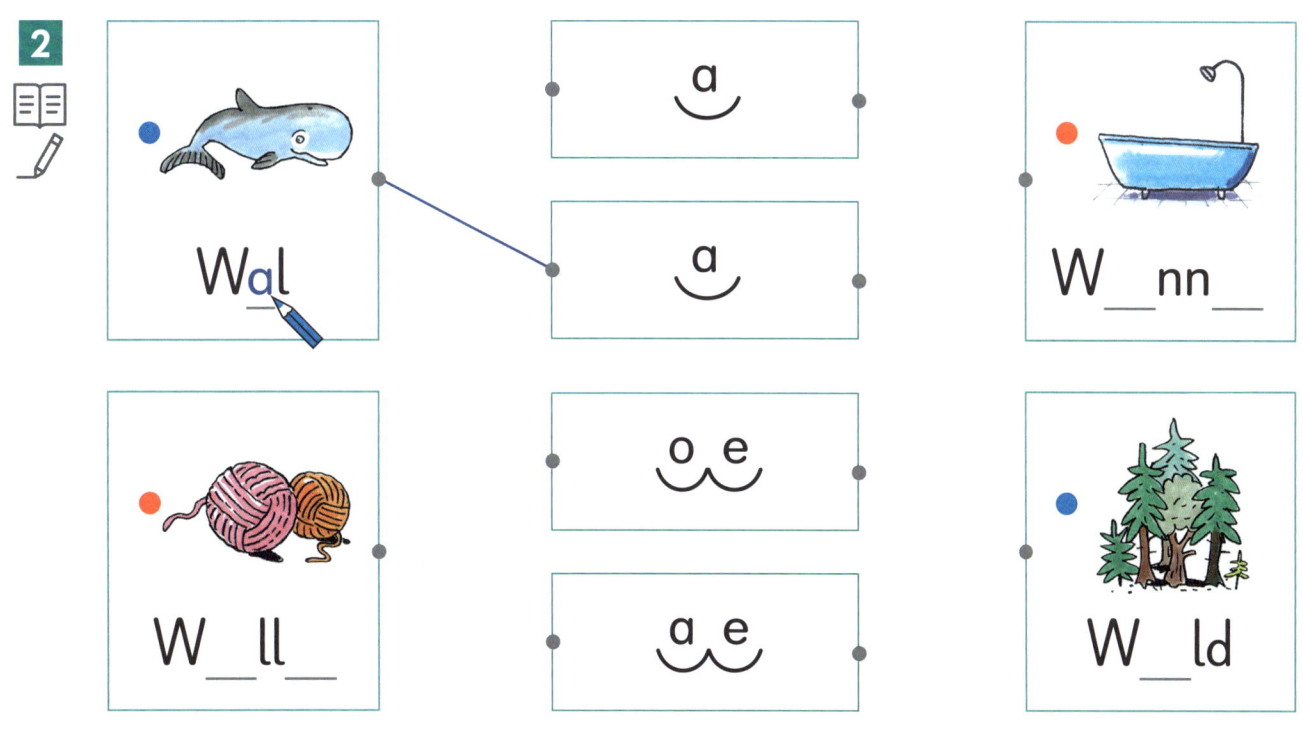

2

Wal — a / a

W _ nn _

W _ ll _ / o e / a e

W _ ld

Aufgabe 1: Begriffe benennen; Einzelbuchstaben lesen und in der richtigen Reihenfolge zusammenzuziehen;
Wörter aufschreiben – Aufgabe 2: Begriffe benennen und sprechschwingen, fehlende Vokale heraushören und
mit Begriffen verbinden

55

1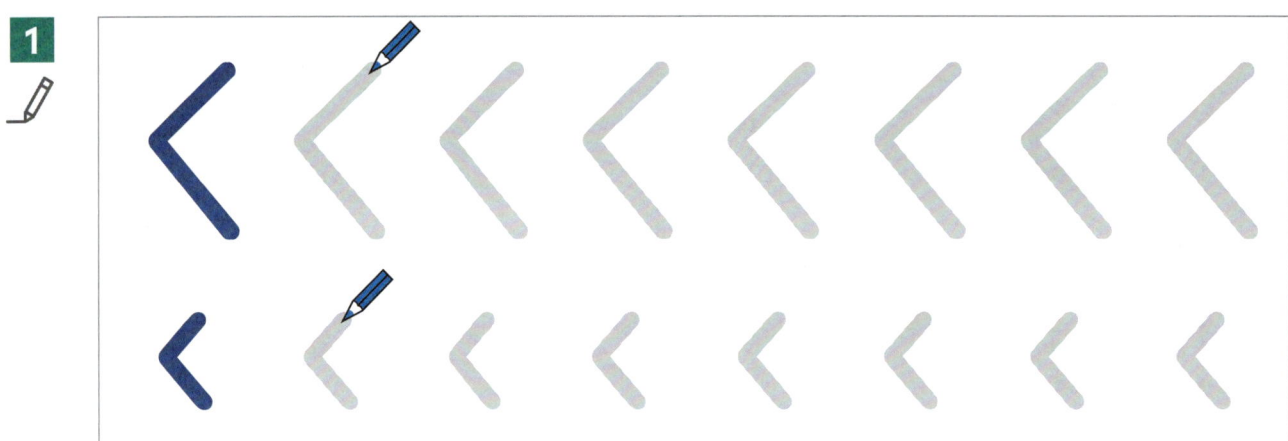

2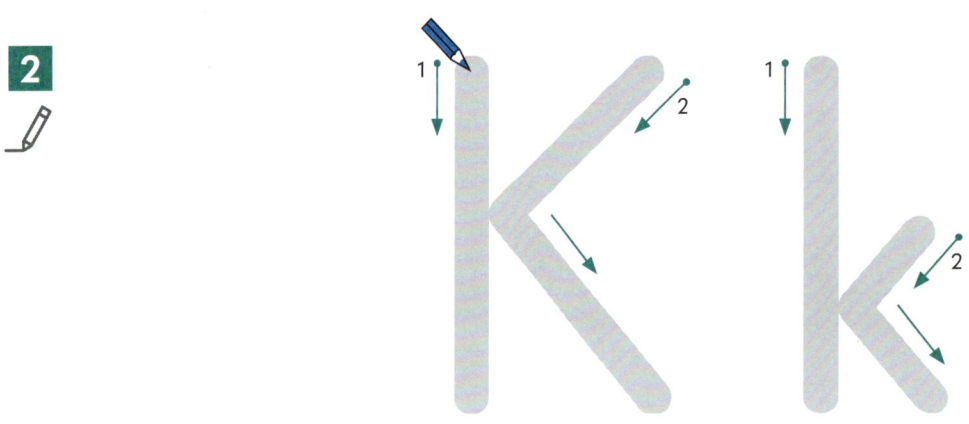

3

Aufgabe 1: Schwungübung
Aufgabe 2: K/k nachspuren
Aufgabe 3: K/k nachspuren und Restzeile entsprechend füllen

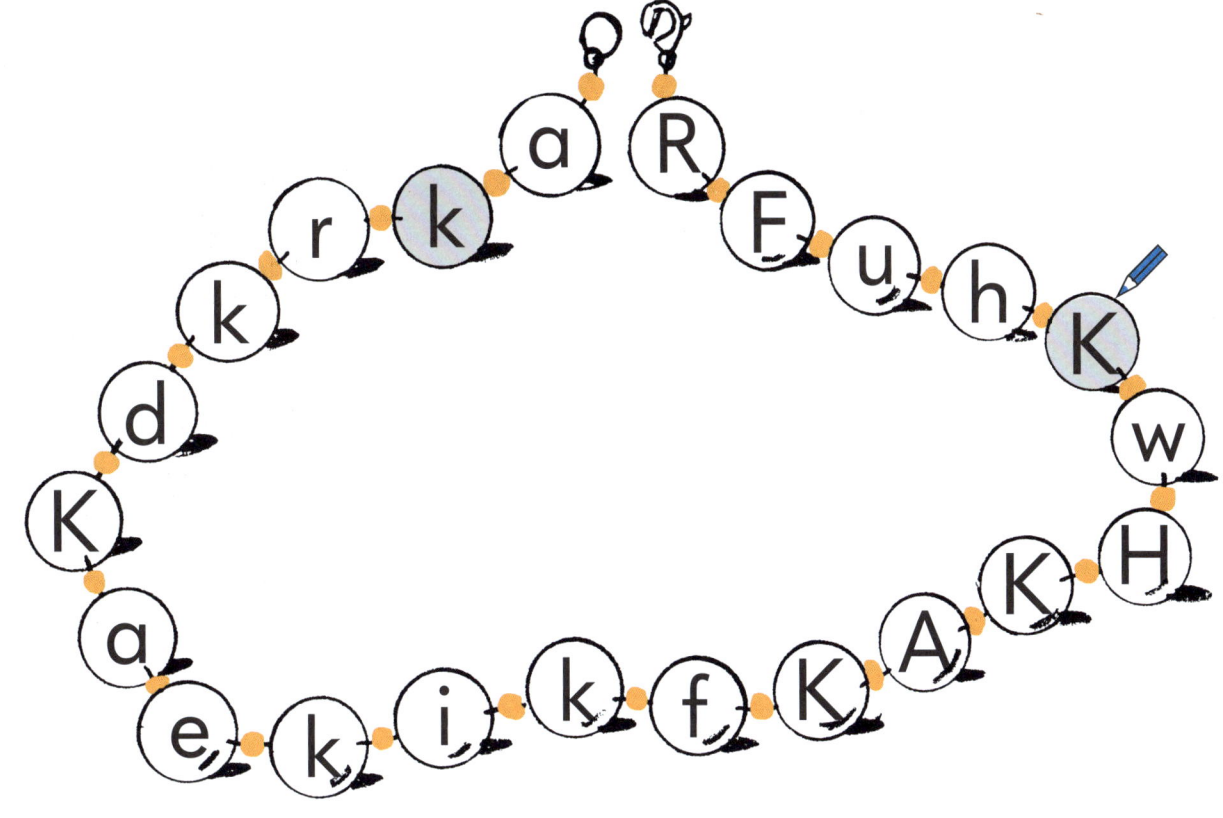

F	d	W	A	I	K	M	o	u	e	l
K	n	R	O	k	s	l	a	N	P	i
p	K	U	h	D	M	f	k	T	d	a
R	S	I	H	A	E	K	t	F	i	r
k	s	o	E	f	D	R	A	o	p	T	K

Aufgabe 1: K/k markieren
Aufgabe 2: alle K/k nachspuren

📖 Lisa und Mo wollen kochen

Es soll ein Auflauf werden.

Mo sucht nach Nudeln.

Lisa ruft:

„Komm da runter!

Nicht runterfallen."

Mo klettert runter.

Dann machen

Mo und Lisa

eine Liste:

1 Paket Nudeln
6 Eier
1 Salami
4 Kiwis
Tomaten

Mo will nach den Nudeln

noch Kiwi essen.

📖

Ka   Ki   Kit   ke   ko   kam

Aufgabe: Überschrift und Text lesen, Bilder betrachten
Balken: offene und geschlossene Silben lesen

📖 Lisa und Mo kaufen ein

Im Laden suchen Lisa und Mo
ein Paket Nudeln.
Wo sind Tomaten?
Was kosten Kiwis?

Alles da?
Mo und Lisa lesen
auf der Liste nach.
Es passt.

An der Kasse sucht Lisa das  .
Lisa mault: „Oh, kein  .“

1 📖✏️ Auf dem Teller
sind Nudeln und
eine Kiwi.

Aufgabe: Überschrift und Text mit Wortbildergänzung (Portemonnaie/Geldbörse, Geld) lesen, Bilder betrachten
Aufgabe 1: Satz lesen und eine Kiwi und Nudeln auf den Teller malen

59

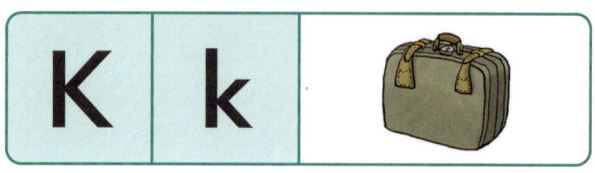

1

2

☐ Kiste	☐ Kleid
☒ Koffer	☐ Kuchen
☐ Keks	☐ Krokodil
☐ Kiwi	☐ Kissen
☐ Kette	☐ Koch
☐ Kissen	☐ Kette

Aufgabe 1: Begriffe abhören und ankreuzen, ob der K/k-Laut am Wortanfang zu hören ist
Aufgabe 2: Begriff benennen, Wörter lesen und richtiges Wort ankreuzen

1

K e k s

Keks

W a nn e

K u ch e n

K r o k o d i l

2

Haken

a e

o

i i

o e

K _ w _

K _ ff _ r

K _ ch

Aufgabe 1: Begriffe benennen; Einzelbuchstaben lesen und in die richtige Reihenfolge zusammenziehen;
Wörter aufschreiben - Aufgabe 2: Begriffe benennen und sprechschwingen, fehlende Vokale heraushören und
mit Begriffen verbinden

61

Schreiben

Autos hupen laut.

Autos h

Pudel sind Hunde.

Pudel

Er hat Pause.

Er

Wer klettert hoch ?

Wer

Sätze in der Lineatur lesen; Wörter nachspuren, Silbenbögen setzen und
Sätze selbstständig in Dreierlineatur abschreiben

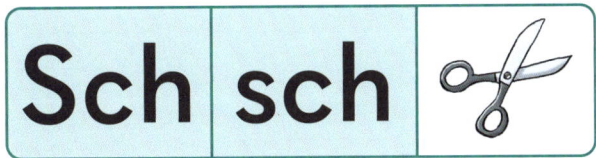

1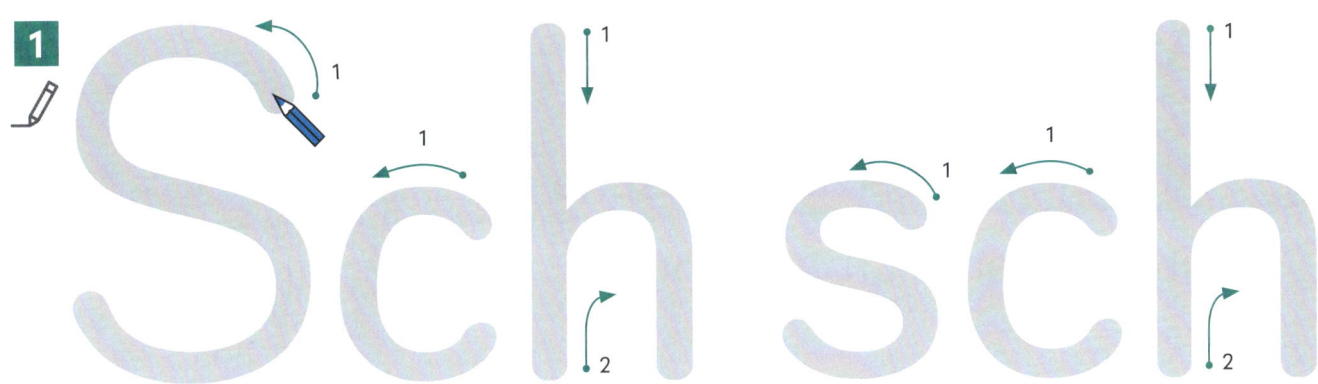

2

Sch Sch   Sch

sch sch   sch

3

Flasche
Schal waschen
Tasche Schuh
Dusche Tisch Fisch
Schule

Aufgabe 1: Sch/sch nachspuren
Aufgabe 2: Sch/sch nachspuren und Restzeile entsprechend füllen
Aufgabe 3: Sch/sch in den Wörtern entdecken und nachspuren

 63

Sch sch

📖 **Alle sollen duschen**

Alle sind unter der Dusche
und sollen sich waschen.

Lisa hat eine Seife und
einen Waschlappen mit.

Lola nimmt einen Schwamm.
Lolas Seife duftet nach Melone.

O, ein Haufen Schaum!

Was macht Mo falsch?

📖

Schi   Schum   scho   usch   esch

Aufgabe: Überschrift und Text lesen und Bilder betrachten
Balken: offene und geschlossene Silben lesen

Im Wasser

Mo schwimmt noch mit dem Fisch.
Manchmal nimmt er auch
eine Schwimm-Nudel.

Lisa kann schon
allein schwimmen.

Alle Kinder wollen rutschen.

Ali hat doch schon das 🐠 .
Er darf leider nicht ins Wasser.
Warum darf Ali nicht schwimmen?

1

schwimmen

rutschen

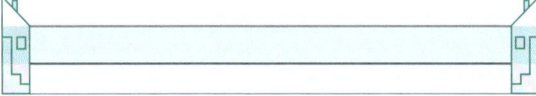

sch

Aufgabe: Überschrift und Text lesen und Bilder betrachten
Aufgabe 1: Bild mit richtigem Wort verbinden und Wort schreiben

65

Sch sch

1

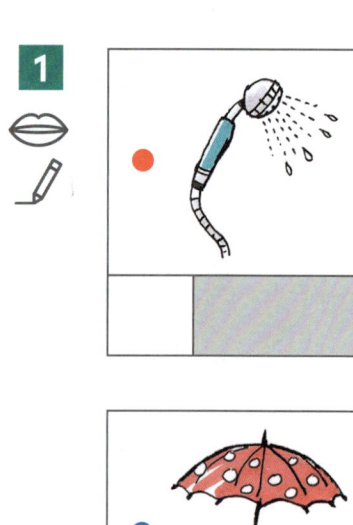   

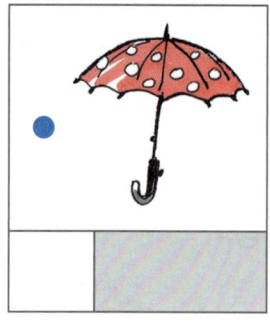   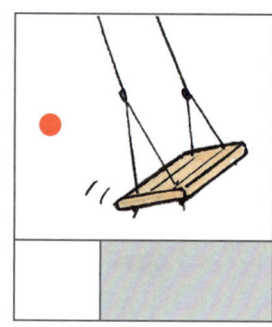

2

- ☐ Schiff
- ☒ Schere
- ☐ Schaf

- ☐ Schale
- ☐ Schaukel
- ☐ Schal

- ☐ Kirsche
- ☐ Schule
- ☐ Schirm

- ☐ Fisch
- ☐ Tasche
- ☐ Flasche

Aufgabe 1: Begriffe abhören und ankreuzen, ob der Sch/sch -Laut am Wortanfang zu hören ist
Aufgabe 2: Begriff benennen, Wörter lesen und richtiges Wort ankreuzen

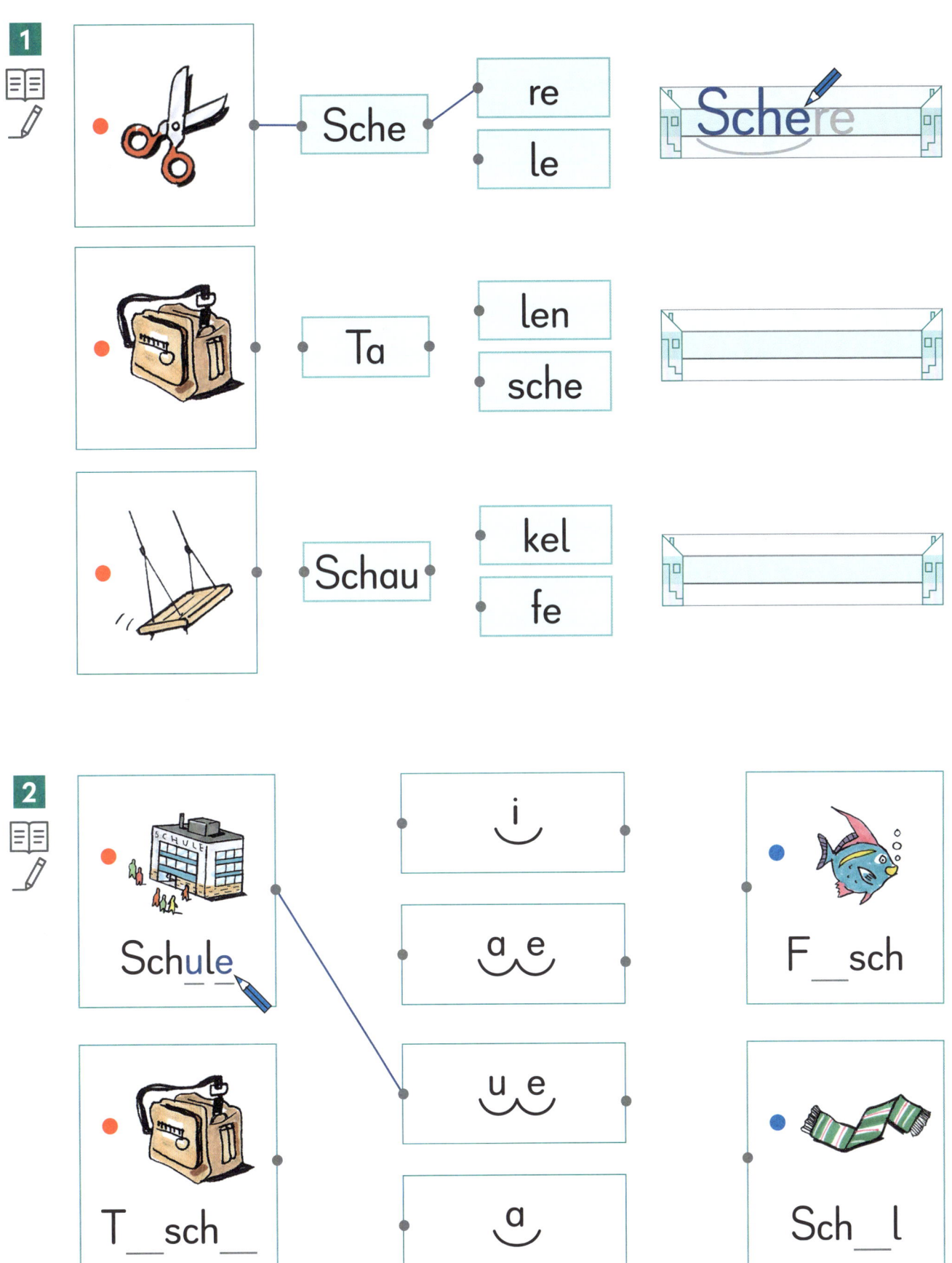

1

🖊️ Schere	Sche	re / le	Sche̅re
	Ta	len / sche	
	Schau	kel / fe	

2

Schule

i

a e

u e

a

F__sch

T__sch__

Sch__l

Aufgabe 1: Begriffe sprechschwingen; Silben lesen, Bild mit passender Anfangs- und Endsilbe verbinden, Wörter aufschreiben, Silbenbögen setzen - Aufgabe 2: Begriffe benennen und sprechschwingen, fehlende Vokale heraushören und mit Begriffen verbinde

67

1

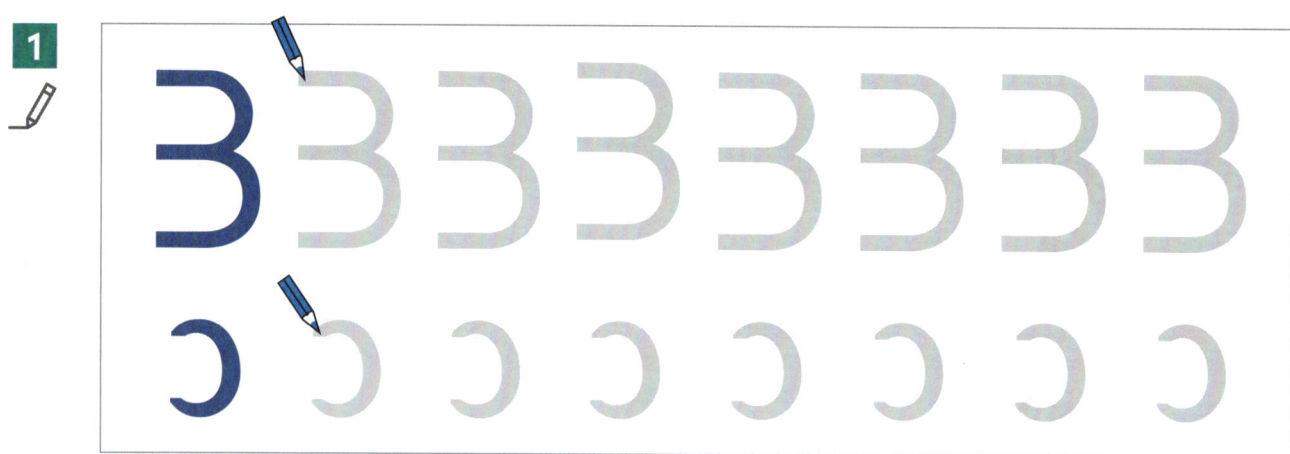

2

3

Aufgabe 1: Schwungübung
Aufgabe 2: B/b nachspuren
Aufgabe 3: B/b nachspuren und Restzeile entsprechend füllen

APP

1

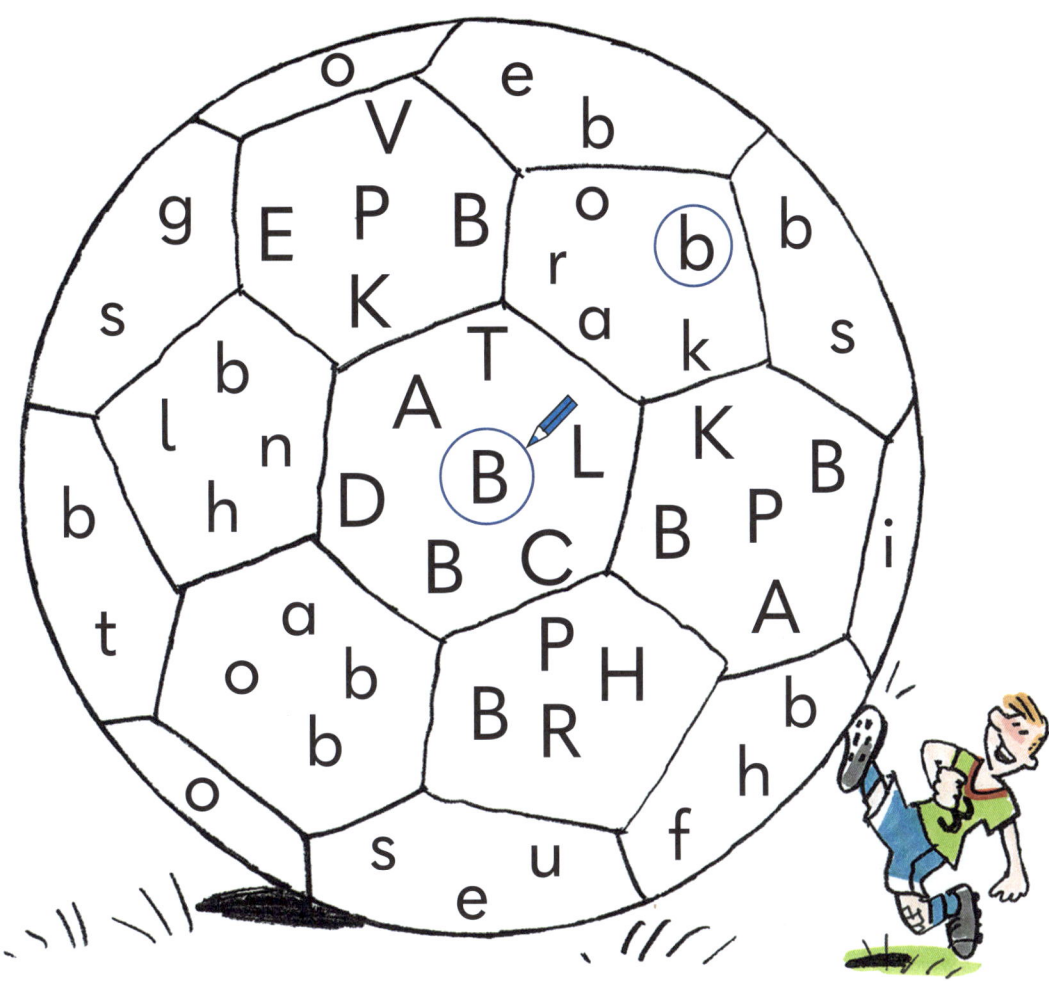

2

F	D	**B**	A	b	K	M	h	e	E
S	n	R	b	k	S	B	o	A	p	i
b	K	u	H	B	m	f	d	u	f
R	B	S	o	H	a	E	K	e	d

B | **b** | ⚽

📖 Besuch auf dem Bauernhof

Mo und Lisa besuchen Oma und Opa.
Oma und Opa leben auf einem Bauernhof.
Beide Kinder toben gerade mit
dem Hund Bobo.

Da kommt Opa und ruft:
„Das Kalb ist endlich da.
Kuh Berta hat ein Kalb
bekommen."

Mo und Lisa rennen los.
Da ist das Kalb schon
auf den Beinen.

📖

Be   Bu   Bab   Bos   bi   bei

Aufgabe: Überschrift und Text lesen, Bilder betrachten
Balken: offene und geschlossene Silben lesen

1 **Wer lebt auf einem Bauernhof?**

- ☒ ein Hund
- ☐ ein Kamel
- ☐ ein Lama
- ☐ ein Kalb
- ☐ ein Delfin
- ☐ eine Kuh
- ☐ ein Elefant
- ☐ ein Schaf
- ☐ eine Taube
- ☐ ein Kater

Das Kalb soll einen Namen bekommen.

Mos Ideen sind: Bibi, Bela oder Bina.

Lisa ruft: „Nein, Barbi!"

Barbi sucht schon Milch bei ihrer Mutter.

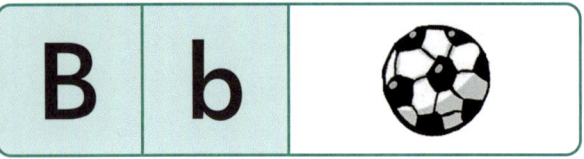

1

2

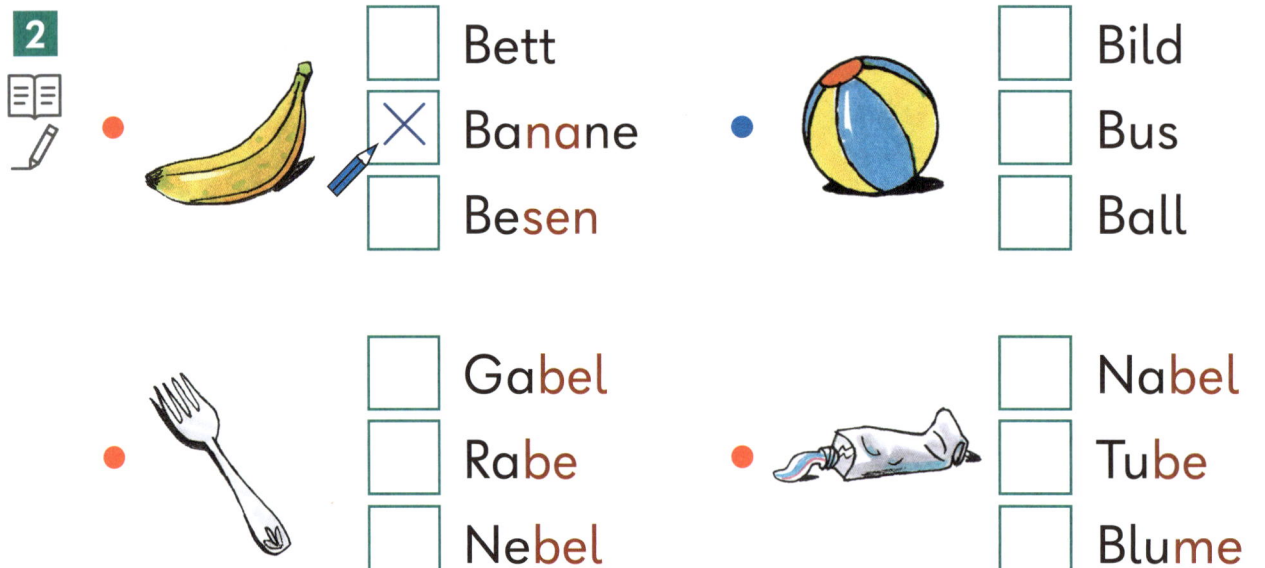

	Bett
✗	Banane
	Besen

	Bild
	Bus
	Ball

	Gabel
	Rabe
	Nebel

	Nabel
	Tube
	Blume

Aufgabe 1: Begriffe abhören und ankreuzen, ob der B/b-Laut am Wortanfang zu hören ist
Aufgabe 2: Begriff benennen, Wörter lesen und richtiges Wort ankreuzen

1

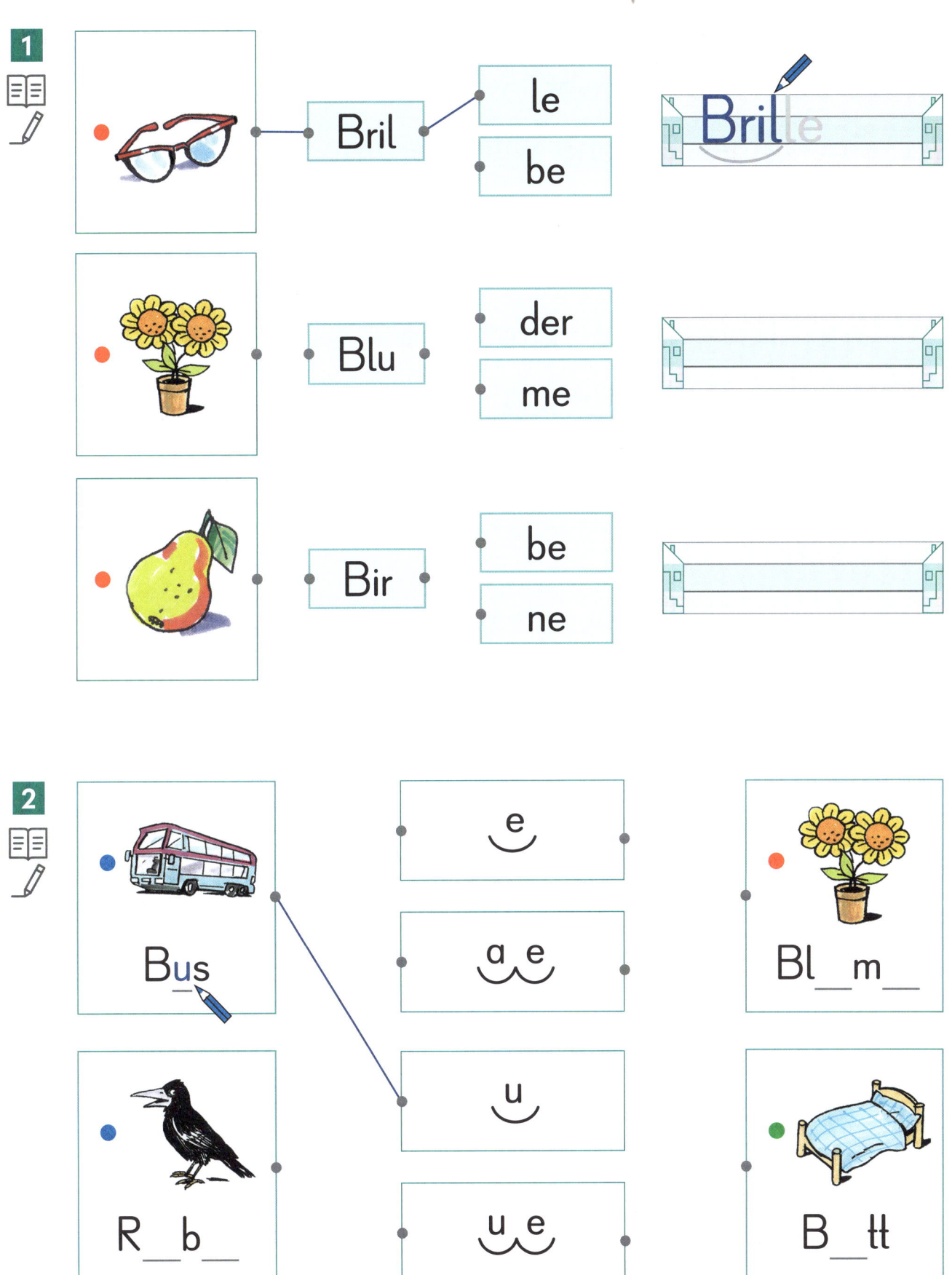

Bril — le / be — Brille

Blu — der / me

Bir — be / ne

2

Bus — u

Rb__ — e / a e / u / u e

Bl__m__

B__tt

Aufgabe 1: Begriffe sprechschwingen; Silben lesen, Bild mit passender Anfangs- und Endsilbe verbinden, Wörter aufschreiben, Silbenbögen setzen - Aufgabe 2: Begriffe benennen und sprechschwingen, fehlende Vokale heraushören und mit Begriffen verbinden

73

Das kann ich schon

Mo hat einen Traum:
In dem Traum tobt
ein kleiner Drache wild herum.
Der Drache hat eine rote Nase und
eine Farbe wie ein Frosch.
Und dann, dann reitet Lisa
auf dem Drachen los.

Wasser

1 Wasser

wollen

wollen

kommen

kommen

schon

schon

Aufgabe: Text lesen
Aufgabe 1: Grundwortschatzwörter lesen, Silbenbögen nachspuren, Wörter schreiben und Silbenbögen setzen

Wörterliste

B b

Banane

beide

bekommen

besuchen

besuchen

K k

kaufen

Kiwi

klein

kochen

kaufen

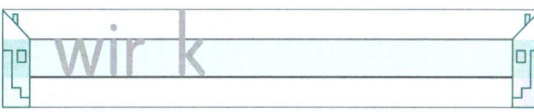

W w

Wald

werfen

er will

wohnen

wohnen

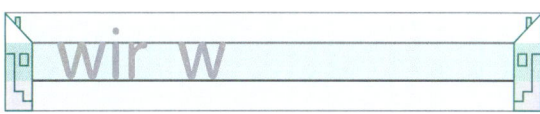

Wörterliste in alphabetischer Reihenfolge mit eingeführten Wörtern
Ausgewählte Verben vom Infinitiv in die 1. Person Plural setzen und aufschreiben

75

📖 Ein Referat

Sami soll sein erstes Referat halten.
Das findet er komisch
aber auch toll.

Sami sucht im Internet,
wer alles auf einem Bauernhof lebt.
Lisas Opa lebt auf einem Bauernhof.
Dann ruft er Lisas Opa an.

Sami schreibt in sein Heft.
Danach sucht er Bilder raus.

Dann ist es soweit:
Alle Kinder sind leise und horchen,
was Sami redet.
Das Referat war toll!

ie

1

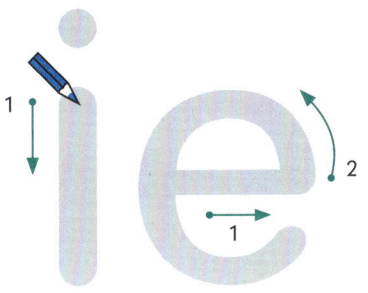

2

ie ie ie ie ie ie ie ie ie ie

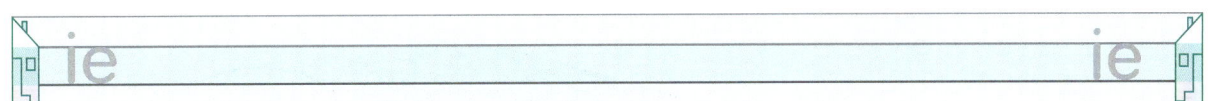

ie ie

3

sieben

Biene

Riese

Tiere

die

Wiese

Dieb

tief

niesen

telefonieren

sie

nie

Lied

niemals

lieben

Aufgabe 1: ie nachspuren
Aufgabe 2: ie nachspuren und Restzeile entsprechend füllen
Aufgabe 3: ie in den Wörtern entdecken und nachspuren

APP   77

ie

📖 **Was passiert hier?**

Die Kinder in der Klasse sind still.
Sie sollen malen.

„Die blaue Tasche ist nicht hier.
Wo ist sie?", tobt Ole.
Die Lehrerin kommt: „Was ist los, Ole?"
Ole: „Die blaue Tasche ist nicht da."
Niemand kann Oles Tasche sehen.

Ole: „Das war sicher Henrie
aus der 3b.
Der will immer alles haben. Henrie ist fies."

📖

lie   bie   sie   nien   lies

Aufgabe: Überschrift und Text lesen und Bilder betrachten
Balken: offene und geschlossene Silben lesen

Die Lehrerin antwortet:

„Aber Henrie ist krank. Er ist nicht hier.

Er war es nicht."

Die Lehrerin bittet alle Kinder:

„Seid so lieb und sucht bitte

nach dieser Tasche."

Alle sieben Kinder helfen suchen.

Sie schauen hier und dort nach.

Aber die Tasche ist nicht da.

1 Wo ist Oles Tasche?

Wer sieht sie?

Umrahme die Tasche rot.

Aufgabe: Text lesen und Bilder betrachten
Aufgabe 1: Fragen lesen und Tasche rot einkreisen (zwischen Regal und Palme)

ie

1 • der

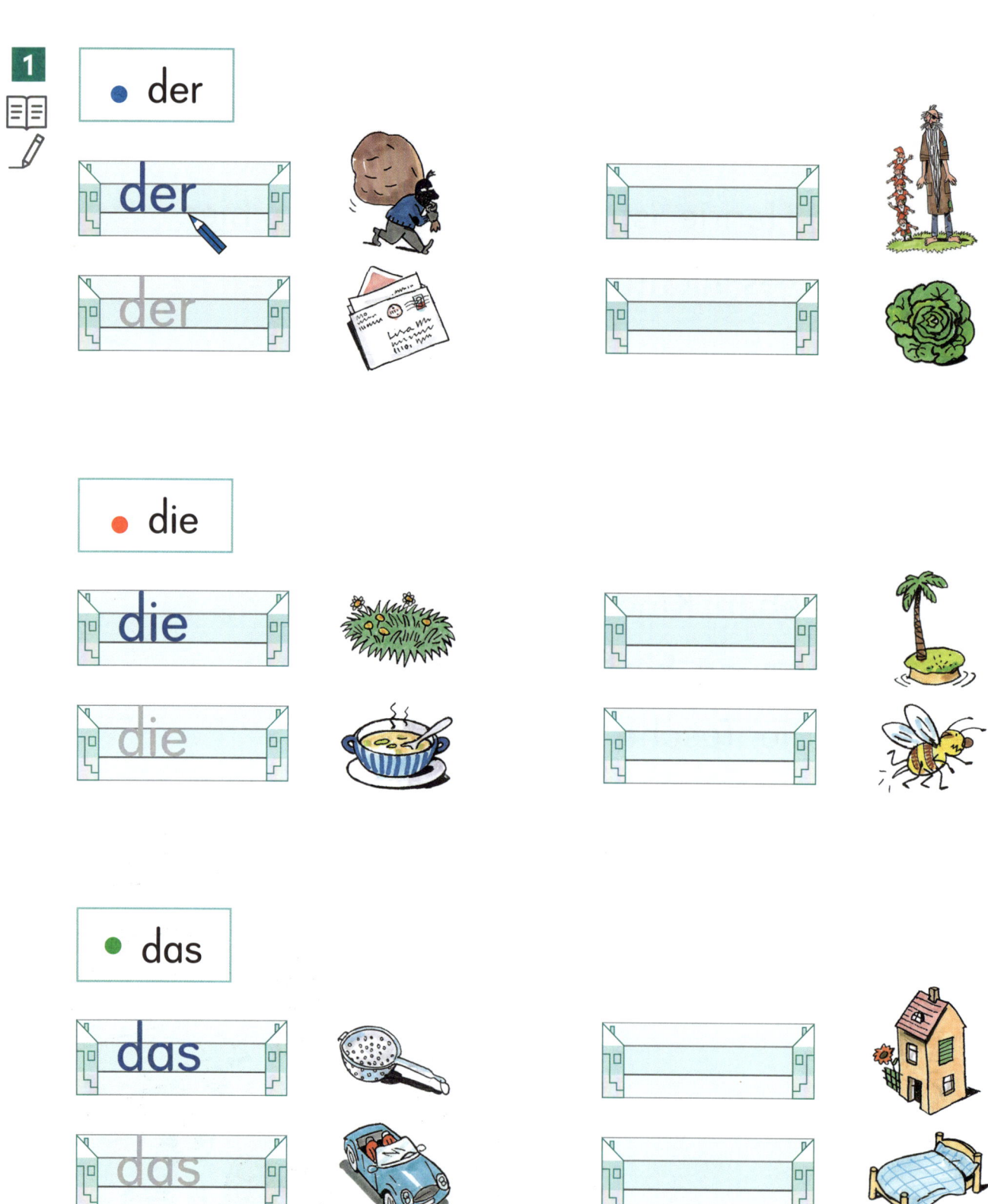

• die

• das

Aufgabe 1: Begriffe benennen, bestimmten Artikel nachspuren und aufschreiben

| 1 | 2 | 3 |

Dieser Riese liebt Suppe. ☐

Dieser Riese liebt Fische. 1

Dieser Riese liebt Riesen-Pizza. ☐

2

der, die, das → die

 der Fisch →   die Fische

 der Tisch →   die

 das Tier →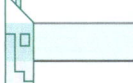

 der Dieb →

 die Wolke →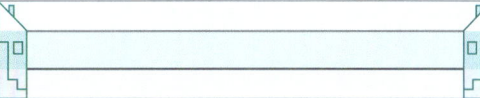

Aufgabe 1: Bilder betrachten; Sätze lesen und den Bildern zuordnen; Ziffern eintragen
Aufgabe 2: Begriff benennen und Nomen mit bestimmtem Artikel lesen; Mehrzahl bilden und mit
bestimmtem Artikel aufschreiben

81

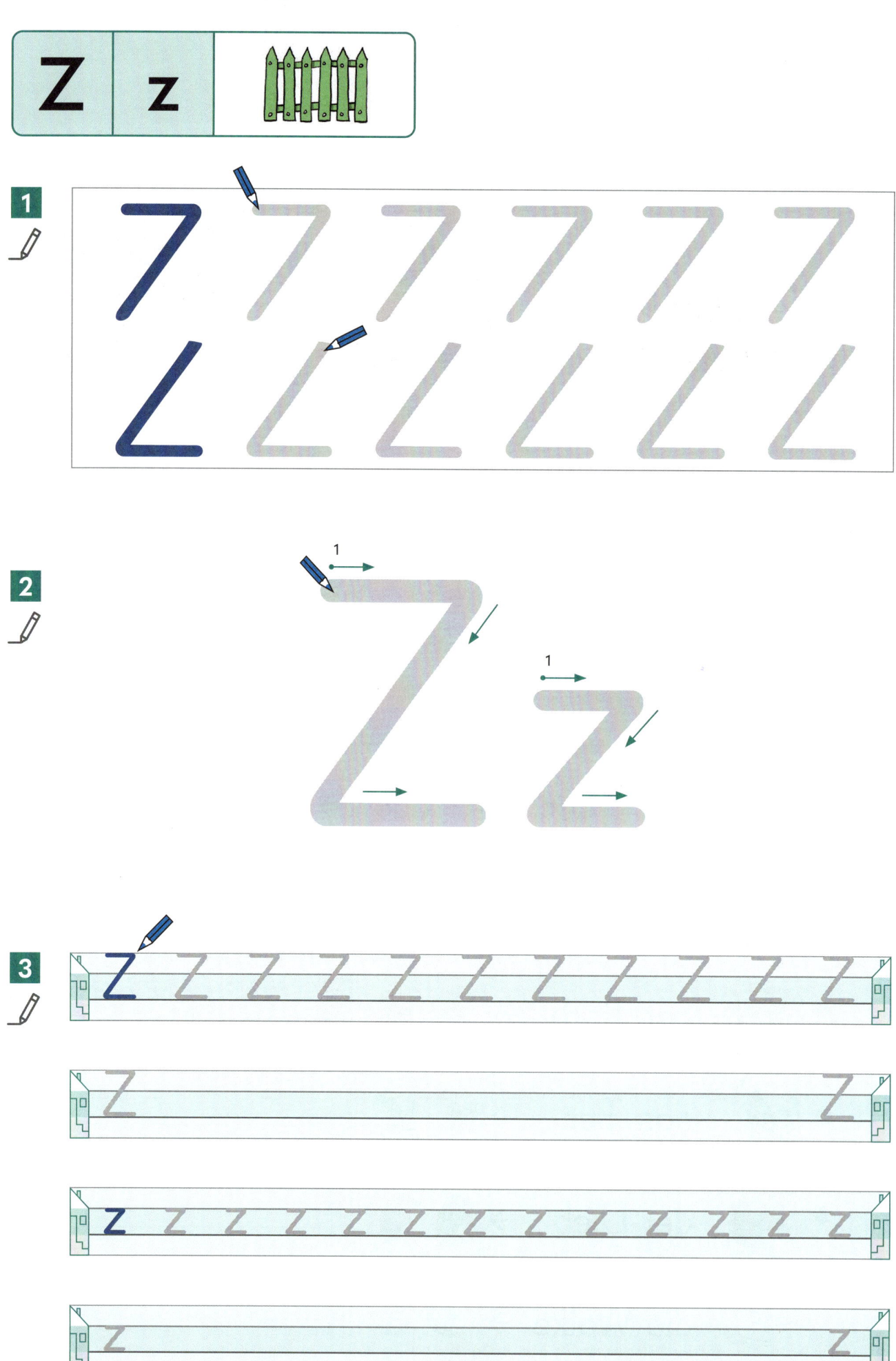

Aufgabe 1: Schwungübung
Aufgabe 2: Z/z nachspuren
Aufgabe 3: Z/z nachspuren und Restzeile entsprechend füllen

APP

1

Z
H Z N E T O Y
W Z
Z U A I Z V Z K L Z F Z K

z n Z r k   z s v a z
z w v z   z u z e i w
                 x z v z

2

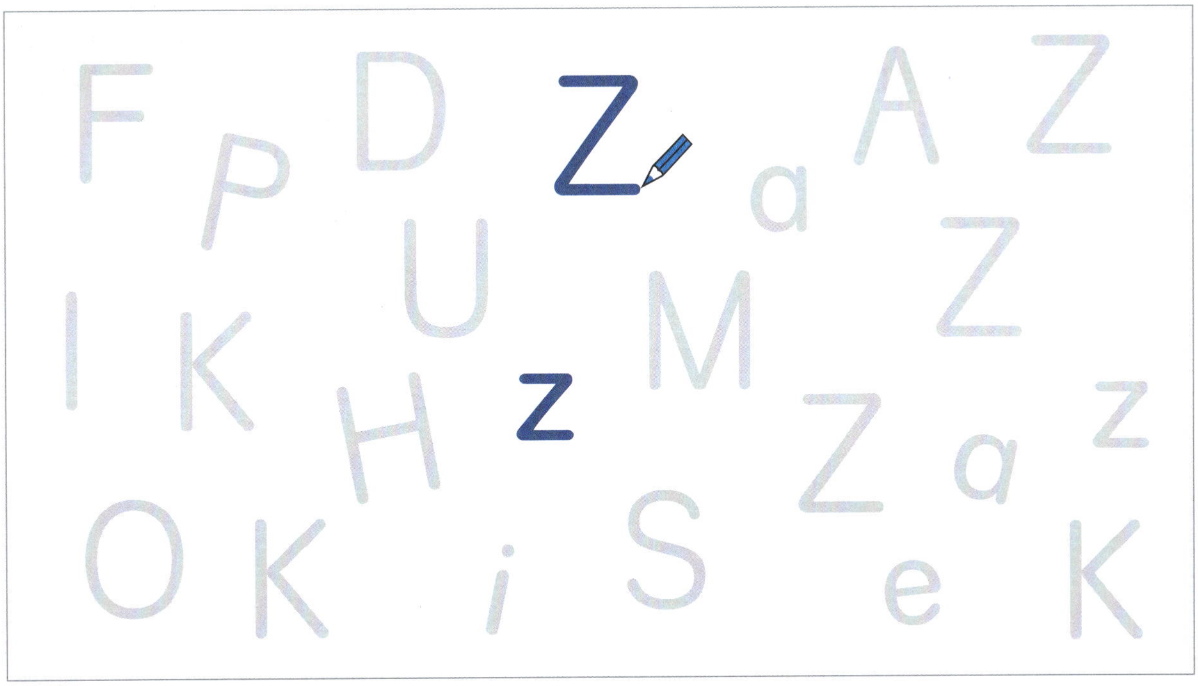

F P D Z a A Z
P U a Z
I K U M Z
H z
O K i S e K

Aufgabe 1: Z/z einkreisen
Aufgabe 2: alle Z/z nachspuren

Z z

📖 **Im Zirkus**

Die Kinder machen ein Zirkus-Fest.

Die Eltern schauen sich das Fest an.

Alle sind zusammen in der Turnhalle.

Ali ist der Zirkusdirektor.

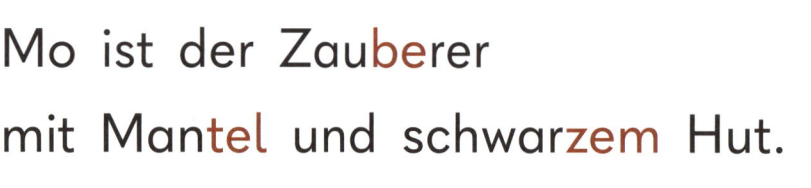

Mo ist der Zauberer

mit Mantel und schwarzem Hut.

Er bekommt ein Zeichen von Ali.

Dann zaubert er

eine Palme aus dem Hut.

📖

Zi Za Zup Zur zo ze zum

Aufgabe: Überschrift und Text lesen, Bilder betrachten
Balken: offene und geschlossene Silben lesen

1 **Was zaubert Mo?**

Mo zaubert einen Hasen aus dem Hut. ☐

Mo zaubert eine Taube aus dem Hut. ☐

Mo zaubert eine Ente aus dem Hut. ☐

Mo zaubert eine Palme aus dem Hut. ☐

Lisa und Nina tanzen zu zweit
auf einem Seil.
Li und Momo machen
zusammen laute Musik dazu.
Mama, Papa, Oma und Opa
zappeln begeistert.
Alle Zuschauer klatschen.

Aufgabe 1: Frage lesen und Bild betrachten, Antwortmöglichkeiten lesen richtige Antwort ankreuzen
Aufgabe: Text lesen und Bild betrachten

APP 85

Z **z**

1

  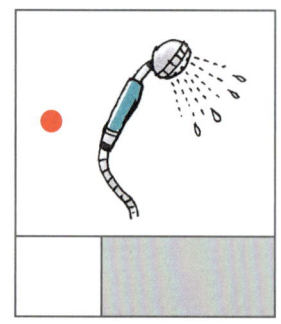 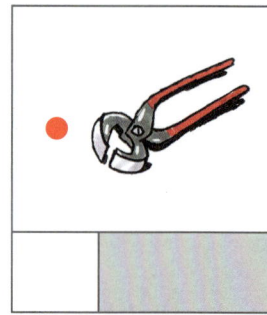

2

☐ Zebra

☒ Zwiebel

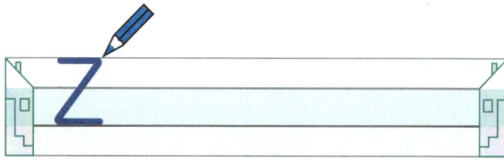

☐ Zitrone

☐ Zaun

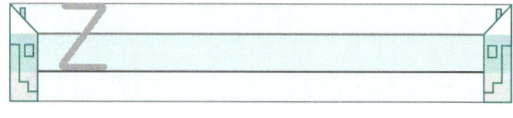

☐ Pizza

☐ Pilz

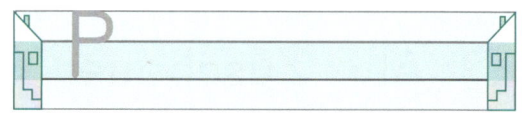

Aufgabe 1: Begriffe abhören und ankreuzen, ob der Z/z-Laut am Wortanfang zu hören ist

Aufgabe 2: Begriff benennen, Wörter lesen, richtiges Wort ankreuzen und schreiben

1

Ze — bra / le — **Ze**bra

Zwie — se / bel

Zir — kus / be

2

der — **der Pilz** — Zaun

die — Kiwi — Zitrone

das — Zelt — Zebra

Aufgabe 1: Begriffe sprechschwingen; Silben lesen, Bild mit passender Anfangs- und Endsilbe verbinden,
Wörter aufschreiben, Silbenbögen setzen
Aufgabe 2: Begriffe benennen, Artikel und Wort lesen, bestimmten Artikel schreiben und Wörter nachspuren

87

1

C C C C C C C C

J J J J J J J J

2

1

G

1

g

3

G G G G G G G G G G G G

G   G

g g g g g g g g g g g g g

g   g

Aufgabe 1: Schwungübung
Aufgabe 2: G/g nachspuren
Aufgabe 3: G/g nachspuren und Restzeile entsprechend füllen

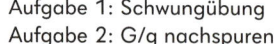

APP

2

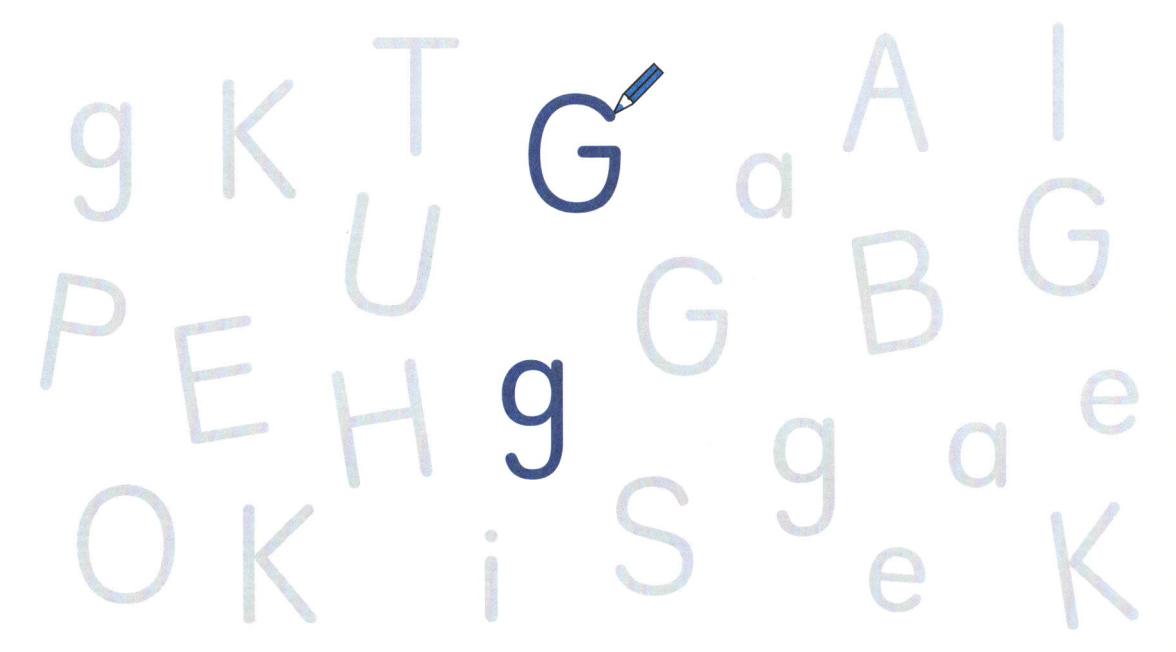

Aufgabe 1: G/g einkreisen
Aufgabe 2: alle G/g nachspuren

G | **g**

Eine Nachricht an Lisa

Timo mag Lisa.

Aber das ist noch sein Geheimnis.

Lisa lacht so toll!

Sie kann auch gut

schwimmen und tauchen.

Soll er sie gleich anrufen?

Soll er es ihr

morgen sagen?

Nein!

Timo ist mutig.

Er schreibt Lisa

eine Nachricht.

Hallo Lisa,
ich finde dich
gut. Wollen wir
mal ins Kino
gehen oder ein
Eis essen?
Bitte antworte
mir. Timo

Gu Ge Gib Gar go ge gen

Aufgabe: Überschrift und Text lesen, Bilder betrachten
Balken: offene und geschlossene Silben lesen

Lisa antwortet Timo

Lisas Telefon surrt.

Timo hat geschrieben.

Lisa findet das toll.

Lisa mag die Nachricht zu Hause lesen.

Sie ist schon ganz aufgeregt.

1 Was war Lisas Antwort ?

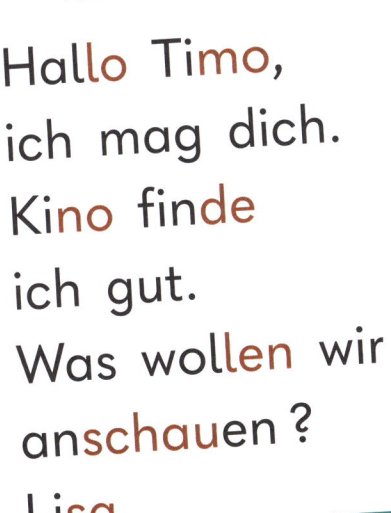

Hallo Timo,
ich mag dich.
Kino finde
ich gut.
Was wollen wir
anschauen ?
Lisa

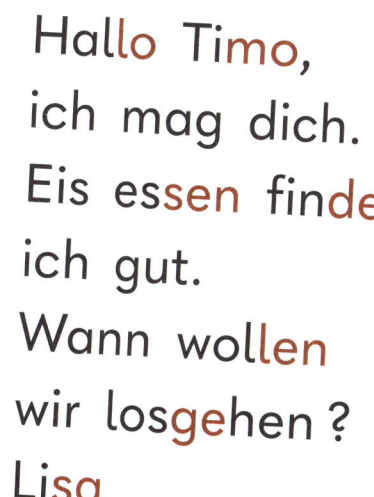

Hallo Timo,
ich mag dich.
Eis essen finde
ich gut.
Wann wollen
wir losgehen ?
Lisa

Aufgabe: Überschrift und Text lesen
Aufgabe 1: Fragestellung lesen; beide Antworten lesen und anhand des Bildes richtige Antwort
herausfinden und ankreuzen

APP 91

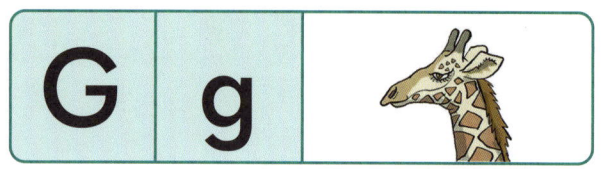

G g

1

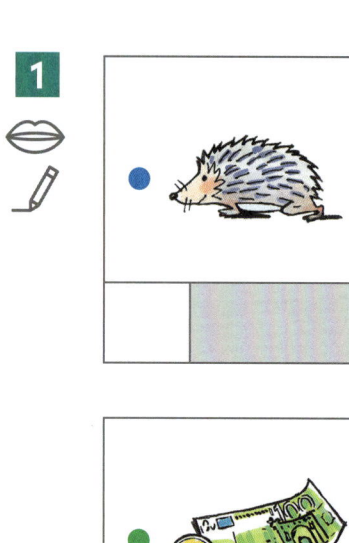   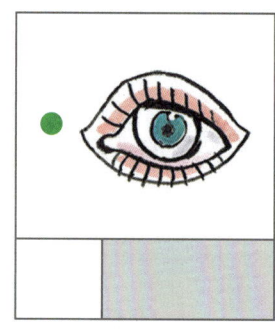

   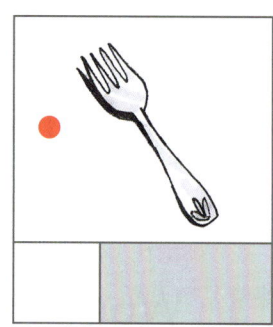

2

☐ Giraffe
☒ Ga**bel**

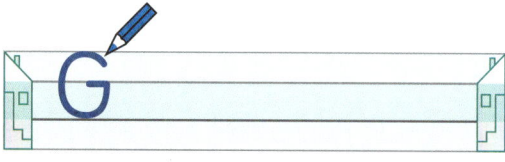

☐ Geld
☐ Re**gal**

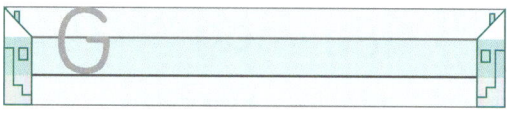

☐ Igel
☐ Au**ge**

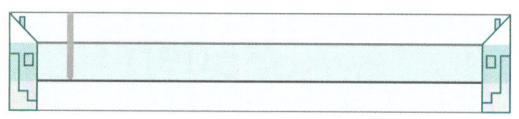

Aufgabe 1: Begriffe abhören und ankreuzen, ob der G/g-Laut am Wortanfang zu hören ist
Aufgabe 2: Begriff benennen, Wörter lesen, richtiges Wort ankreuzen und schreiben

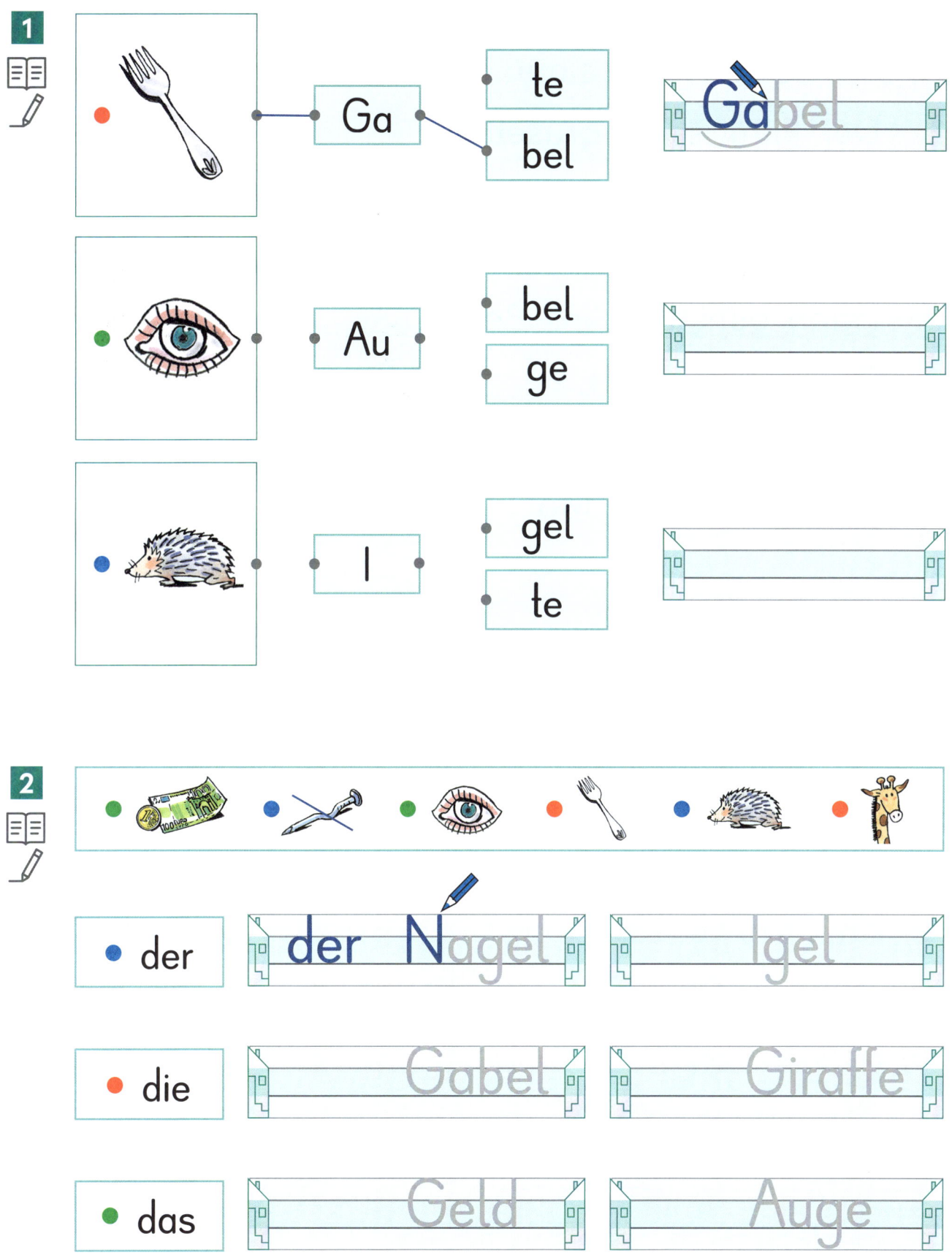

1

Ga — te / bel → Gabel

Au — bel / ge

I — gel / te

2

der — der Nagel / Igel

die — Gabel / Giraffe

das — Geld / Auge

Aufgabe 1: Begriffe sprechschwingen; Silben lesen, Bild mit passender Anfangs- und Endsilbe verbinden,
Wörter aufschreiben, Silbenbögen setzen
Aufgabe 2: Begriffe benennen, Artikel und Wort lesen, bestimmten Artikel schreiben und Wörter nachspuren

93

Das kann ich schon

 Lisa ist allein zu Hause.

Sie schaut sich einen Gruselfilm an.

Der Film ist so gruselig.

Schnell schaltet Lisa den Film wieder aus.

Dann geht Lisa ins Bett.

Da – es raschelt.

Lisa schreit leise auf.

Oh, es war nur Mo.

sie

sie

die

die

sagen

sagen

gehen

gehen

Aufgabe: Text lesen
Aufgabe 1: Grundwortschatzwörter lesen, Silbenbögen nachspuren, Wörter schreiben und Silbenbögen setzen

Wörterliste

G g

ganz

Gi**r**affe

Glas

gleich

gru**s**elig

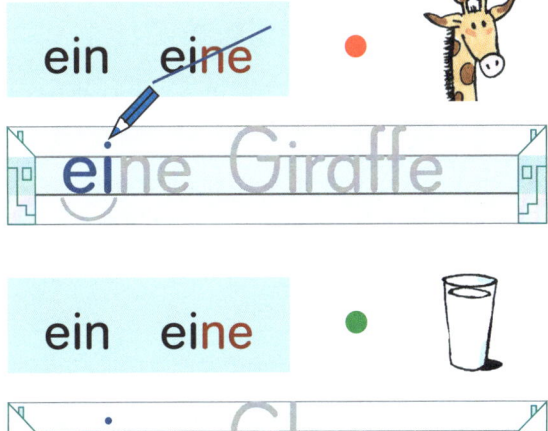

ein	eine	●

eine Giraffe

ein	eine	●

ei Glas

Z z

zap**peln**

zau**bern**

Zaun

Ze**bra**

zu

Zwie**bel**

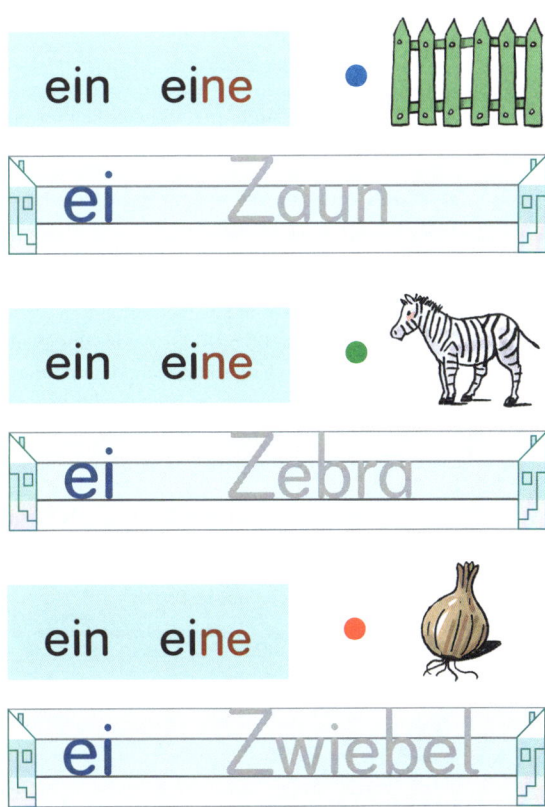

ein	eine	●

ei Zaun

ein	eine	●

ei Zebra

ein	eine	●

ei Zwiebel

Wörterliste in alphabetischer Reihenfolge mit eingeführten Wörtern
Schreibzeile zum Nachspuren eines Nomens und Ergänzen des richtigen unbestimmten Artikels.

95

Klick! inklusiv

Erstlesen

Themenheft 2

Erarbeitet von:	Redaktion Grundschule
auf der Grundlage der Ausgabe von:	Iris Born, Katharina Förster, Monika Hartkopf, Solveig Haugwitz, Volker Hintsch, Adelheid Langenbruch, Inka Frümbel
Redaktion:	Kirsten Pauli, Josephine Weigang
Umschlagillustration:	Christian Nusch
Gesamtgestaltung:	Heike Börner, orangerie-grafikdesign
Umschlaggestaltung, Layout und technische Umsetzung:	Klein & Halm, Grafikdesign, Berlin
Illustrationen:	Roland Beier und Christian Nusch

www.cornelsen.de

2. Auflage, 1. Druck 2025

Alle Drucke dieser Auflage sind inhaltlich unverändert und können im Unterricht nebeneinander verwendet werden.

© 2025 Cornelsen Verlag GmbH, Mecklenburgische Str. 53, 14197 Berlin,
E-Mail: service@cornelsen.de

Druck: Athesiadruck GmbH, Bozen

ISBN 978-3-06-600017-7

PEFC-zertifiziert
Dieses Produkt stammt aus nachhaltig bewirtschafteten Wäldern und kontrollierten Que

PEFC/18-31-166   www.pefc.de